活字纪

南村 著

中国青年出版社

语言是一条河，承载了不同时代的泥沙

海德格尔说："人活在自己的语言中。"人类发明了语言，同时又被自己的语言所控制。因为语言是人类认识世界的工具，没有语言，一切无从谈起，我们走不出自己语言的表达范围。文字是记录语言的工具，有了文字，信息变得可以记录，而不是稍纵即逝。从此，人类有了可记载的历史，同时也增加了记忆的负担。

语言的基本单位是词，词义在发展过程中会产生引申，词义引申反映了使用该词的民族对某一事物形态的独特感受，与民族生活方式密切相关。比如汉语中"狗"这个词，除了名词意义之外，在构词时，往往含有贬义，如"走狗""狗腿子""狐朋狗友"等，这反映了中华民族对狗的看法，狗能给人提供帮助，但它是低等的生物。即使在现代社会中，出现了"单身狗""上班狗""考研狗"这样的新词，降低了其中的贬义程度，多了一些自嘲，但反映的依然是狗在人类生活中的边缘状态。但在英语中，可以说"work like a dog"（勤奋工作），甚至"dog eat dog"（自相残杀）也不是贬义的"狗咬狗"，即使"live a dog's life"（穷困潦倒）也只是客观描述，并没有过多的贬义因素。这说明英语文化中对狗的态度是相对平等的。引申方式是民族历史思维的呈现，分析一个词的引申义列，能看到一个民族普遍的情感。这种情感可能并不高级，但是它真实存在。较之外在的历史遗迹，语言中的词汇，更能完整地凝聚这个民族的所思所想，即使词汇未能明显呈现，其中的语素也暗中负载着这些信息。语言就像一条河，承载着不同时代的泥沙，凡流经之处，都有所吸纳。

现代汉语是从古代汉语发展而来的，它们的词义有着密切的关联，只是这些关联并不明显，以至于给人的感觉是古今分离的。通过梳理词的本义和引申义的关系，将断掉的古今联系结合起来，对我们理解语言的内容具有很大的帮助。如果不了解古代汉语，我们就无法真正地了解很多现代汉语词汇的意义，更谈不上了解其历史。比如"题"这个词，我们听到它时，首先想到的是试题、题目这样的意思。但这个意思是怎么来的？似乎很少有人思考。"题"的本义是额头，和试题、题目似乎没有必然的联系。它们的关联来源于位置的相似，额头在上部，考试要解答的对象也在上面，因此也用"题"来指称，于是有"试题""题目""问题"这样的词。现代汉语中不再使用"题"的本义,只使用其引申义,导致二者的关联被泯灭了。现代汉语中的词汇,每个个体都有不同的历史,它们带着过往的尘埃,一路奔波,来到了今天。就像宇宙中的星星,投射在天幕,似乎是一个平面,但实际上,每颗星和我们的距离都不一样。而今天夜空中闪烁的光芒,很多都是几百年甚至上千年前发出的。

汉字的特殊性在于它的表意性,即可以通过字形来分析一个词较早的含义,这一点是其他表音文字所不具备的。而且在发展过程不断地创造新字形或通过理据重构来配合使用的需要,这些都负载了重要的文化信息。如"贝"旁的字多与金钱有关,反映了先民曾以贝为媒介的经济形式。"心"旁的字多与思想感情有关,说明古人把思考问题的重点放在心,而不是大脑。通过分析字形识别词义,自先秦时代就已经开始了,但当时多为有感而发,可信度不高。到了汉代,发展成为"别字"("别"是拆分之义),以附会谶纬,这种错误说解文字的行为,史不绝书,王安石用这套方法竟编出一本《字说》来,这种庸俗的文字学,至今仍有市场。比如一些流行的说法,如"忍字心头一把刀",那么"召"字的口上一把刀又怎么解释?再如"忙"是"心灵的死亡",看似很有哲理。那么"忘"也是心灵的死亡,"忙"和"忘"没有什么区别吗?其次,"芒""虻""妄""氓"这些字怎么解释呢?这是把形声字当作会意字的操作方式,其解释是零散而不具备系统性的。汉字具有表意的特征，但并不是所有的汉字都是会意字。系统科学的文字分析，首先要找到较早的本字字形，不能拿后起字甚至讹变字、简化字来分析词义。其次要确认这个字属于哪种造字类型，从而实现科学的拆分。东汉许慎的《说文解字》（以下简称"说文"）将"六书"观念引入文字学，第一次实现了系统科学的字形分析，为科学文字学奠定了基础。而清末以来，随着甲骨文、金文、简帛文字等古文字的不断出土，文字分析越来越科学，让我们看到了更多的汉字中携带的文化因素。既然如此，是不是文字越古老越好呢？倒也未必，因为文字属于工具，只有适用或不适用，没有好与不好之分。从研究的角度看，字形越复杂，所携带的构意就越明显。但从使用的角度看，字形越简单则越利于通行。

本书选取常见字词进行解说，并根据范围大略分为"形貌衣冠""饮食起居""行仪用度""自然万物"四部分，希望在一定程度上能帮助古代汉语爱好者、大中学生正确地认识一些文字、词汇，从而了解古代文化，进而便于阅读古籍。既然是通过语言文字来分析它们反映的文化，那么就应该具备客观的态度，把它们蕴含的我们这个民族的所思所想无所隐晦地呈现出来，高尚也好，庸俗也罢，都是我们自己。很多历史文化的结论有多种说法，本书只选取一家之言为我所用，读者具备了一定的阅读能力之后，自然可以有自己的判断能力，至于这本书，得鱼忘筌就可以了。

目　　录

代前言　语言是一条河，
　　　　承载了不同时代的泥沙

形貌衣冠

饮食起居

行仪用度

自然万物

后记

形貌衣冠

待字闺中

　　"身"是个象形字，甲骨文作🜨，是一个女人挺着大肚子的形象，本义是怀孕。金文有的把腹中增加了一点作🜨。《诗经·大雅·文王》"大妊有身"，即大妊怀孕的意思。现在冀中平原说一个人怀孕，仍叫"带着身子"。肚子里这个胎儿逐渐增大还未成形时叫"巳"，甲骨文作🜨，是人尚未成形的样子。后来这个字被用来作地支的代表字，这是文字假借。"包"字中含有"巳"字，"包"小篆作🜨，是小儿在胎胞中之形，这个字后来引申为包裹义，"包"字增加了肉旁作"胞"。"同胞"就是亲兄弟的意思。

　　胎儿出生为子，"子"金文作🜨，是小孩子在襁褓中露着两只小手的形象，这个孩子在母腹中成形叫"孕"，甲骨文作🜨，是孩子在一个大肚子中的样子。孩子被生下来叫"育"，甲骨文作🜨，人的后部掉下一个头朝下的"子"，为了强化那个人是女子，甲骨文有█形，即前面的人是母亲的"母"，是一个人有大乳房的形象，后面是孩子以及生孩子滴下的血，这个字就是后来的"毓"。"育""毓"属于异体字。一般情况下，一胎一个孩子，但也有孪生或者更多的，如金文█字，一胎生三子，这样的孩子肯定是瘦弱的，因此这个字是"孱"，孱弱义。

生孩子的过程叫"字"，金文作█，是孩子从胯下出来之形。有人会说，孩子出来不是头朝下吗？须知写字不是画画或拍照，有那个意思就行。"字"引申有怀孕、出嫁之义，因此把女孩未嫁叫"待字闺中"。母牛叫"牸"，是"字"的孳乳字。生子越来越多，因此引申为文字的"字"，独体字叫"文"，合体字叫"字"，取其积累无限之义。

生孩六月

李密《陈情表》中说："生孩六月，慈父见背。"人教版高中课本对"生孩六月"没有注释。大概是编者认为这里没有语言问题，所以没有给予注释。那么"孩"在这里是什么意思？是孩子吗？如果是孩子，便是李密，那么"生孩六月"的主语应该是他的母亲。"生孩六月，慈父见背"应当翻译为："母亲生下我六个月，我的父亲弃我而去。"这样的理解，与前"臣以险衅，夙遭闵凶"、后"行年四岁，舅夺母志"的主语都不一致。实际这段话的主语是"臣"，也就是作者自己，"生孩六月"对应"行年四岁"。如果这样，"生孩"的意思肯定不是生了孩子。

"孩""咳"是异体字，《说文·口部》："咳，小儿笑也。"本义是婴儿的笑声，《礼记·内则》："父执子之右手，咳而名之。"意思是孩子出生后三月，父亲拉着他的右手，引他笑并给他命名。《老子》说"如婴儿之未孩"，意思是像尚不会笑的婴儿。《孟子》中有"孩提之童"，指的是孩子能笑且可以提着或抱着。"孩"由本义婴儿的笑声，引申为幼小的意思。"生孩六月"的"孩"就是幼小，"生

◎《文选》卷三十七李密《陈情表》

孩六月"意思实为"我初生很小只有六个月的时候"。柳宗元《种树郭橐驼传》中"字而幼孩"，即抚养你的孩子，其中"幼"和"孩"都是幼小的意思。有人会说，汉代以后有"婴孩"这个词，如《易林·履》："婴孩求乳。"这也并不是"孩"有了子的意思，"婴"指的是孩子哭，"孩"指的是孩子笑，"婴孩"是利用两种表情指代小儿。

"孩子"本义是会笑的婴儿或小儿，是个定中结构，后来受相邻语素"子"的影响，"孩"也有了"子"的意思，现代汉语中"孩子"成了并列结构，于是有了"小孩""男孩""女孩"这样的双音词，"孩"这个语素在这几个词里的意思是孩子，但这是一个语素义，并不是词义，不能单用。后来计划生育出现了"一孩"这个短语，这是为了避免"一胎"（可能是两个或以上）、"一子"（女儿算不算？）造成歧义而不得已采用的办法。

形貌衣冠

005

天大地大人亦大

　　"人"字是个象形字，在甲骨文中是一个人的侧影 ⟨人⟩。人的正面之形是"大"，甲骨文作 ⟨大⟩，是人岔开双腿、张开双臂之形。⟨立⟩是"人"站在地面的样子，即"立"字。两个人在一起是 ⟨比⟩，楷书作"比"，比并之义，因为相距很近，引申有密切之义，朋比为奸的"比"就是密切。把这两个人连到一起，是 ⟨并⟩，即"并"，合并的意思。如果两个人的朝向相反，如 ⟨北⟩，两个人背靠背，是"北"字，相背离的意思。"败北"的"北"意思就是向相反的方向逃跑。《过秦论》"追亡逐北"中的"北"，指的是逃跑的人。后来在"北"下面加上"肉"（月）旁表示后背，再后来把"北"假借来专表示方位了。

　　人脸上的最高显示处是额头，因此在"大"上加一个头，表示额头，即甲骨文 ⟨天⟩ 字，后来 ⟨天⟩ 上面的头部简化成了一横，这个字就是"天"，"天"的本义是额头，《说文·一部》："天，颠也。"（颠即额头）《山海经》中有"刑天"，即被砍头的人。额头是人身上最高的地方，因此用以指称自然界中最高的地方——天空。

如果凸显人的头部，就是，这是金文的"元"字，是人头的意思，《孟子·滕文公下》："勇士不忘丧其元。"（勇士时刻都不忘为理想而抛却头颅）"元"引申有"开始"的意思，如"元来"（后写作"原来"）、"元始"、"元旦"、"元年"等，又引申有"主要"的意思，如"元凶""元首""元勋""元帅"。又引申有"基本"的意思，如"元气""单元""元素""元音"等。尽管它的本义不再使用了，但它的引申义依然存在于双音词的语素中。

现代汉语中"元"成了量词，这个字是"圆"的假借，与其本义无关了。

形貌衣冠

风度翩翩

"页"本义是人的头，甲骨文作🗿，像一个人顶着大脑袋的形状。"页"的小篆作🗿，上面是"首"，下面是"人"，依然突出头部的形象。"页"字是一个构字能力很强的表义偏旁，"页"旁的字几乎都和头部有关。

比如"颈"是脖子前面，比如成语"刎颈之交"，刎的是前面。"项"是脖子后面，成语"望其项背"，项和背是连在一起的，项链也是挂在脖子后面的。整个脖子叫"领"，衣服有领子，头和脖子叫"首领"。我们平时说的"颜色"，本义是脸色，"颜"指的是双眉之间，"颜色"指的是双眉之间的气色，所以"察言观色"，"给你点颜色看看"中的"颜色"就是表情的意思。"颐"指的是面颊，"解颐"指的是面颊放松，不再很严肃地绷着。"颐和"指的是面颊松弛，也就是气定神闲，所以"颐和园"是光绪帝让慈禧太后颐养天年的地方。"颐指气使"指的是用下巴和神气指挥别人。常用字中还有一个"题"，看到这个字，一般情况下我们想到的是试题、题目。其实"题"的本义是额头，《礼记·王制》说南方蛮夷"雕题交趾"，"雕题"就是额头上有雕刻的花纹。因为额头在头的上部，试卷上出的试题也在上面，因此叫"题目"（题与目）。动词"顾"的意思是回头，美女"一顾倾人城，再顾倾人国"，就是回头。"顾盼生辉"的"顾盼"就是回头眼波流转，现代汉语的"顾问"就是回头问的意思。有个成语"风度翩翩"，出自《史记·平原君列传》："平原君，翩翩浊世之佳公子也。"究竟什么是"翩翩"？"翩"本义是快速地飞，这和人的风度没关系。实际上"翩"是"䫻"的假借，"䫻"的意思是漂亮，《说文·页部》："䫻，头妍也。"漂亮当然得看面部。

　　大家似乎马上就可以举出反例，书页的"页"和人头有什么关系？其实书页的"页"应该写作"叶"，因为书页像叶子一张一张叠在一起，用"页"属于文字的假借，所以和人头义无关。

结发夫妻

头上的毛叫"发",面颊上的毛叫"髯"。古代以"发"为度量标准,"十发为程,十程为分,十分为寸"(《说文·禾部》)。有个画家叫程十发,用的就是这个典故。人一生的头发要经历以下几个阶段:

三四岁到八岁这一段叫"髫年",即儿童幼年时期,头发随意下垂,也就是"垂髫"。八岁入小学,八岁以后,头上绾成两个小髻,就是所谓的"抓髻儿",像角一样,叫"总角"。《诗经·卫风·氓》:"总角之宴,言笑晏晏。"意思是小时候的聚会,大家在一起谈笑,其乐融融。"总角之交"就是通常所说的"发小儿"。

男子十五岁的时候要把头发扎起,叫"束发",即束发为髻。此时入大学,学习各种技艺。到了二十岁,为束起的头发加冠(帽),因为年龄尚幼,身体还不够强壮,所以叫"弱冠"。女孩子十五岁时已许配的,当年就束发,并戴上簪子(笄);一直未许配的,最迟二十岁时束发戴簪。后称女子年满十五为"及笄",表示到了出嫁的年龄。订婚后,头上系缨,表示已有所属。后世说的"结发夫妻",就是男女到了把头发扎起来的年龄就结亲，即原配夫妻。从"簪""笄"的字形看，较早的"簪""笄"，应该是竹制的，后来才有了各种高档材质。但生活比较贫困的人，会用荆条作簪，如与丈夫举案齐眉的孟光"荆钗布裙"（钗属于簪），后人因此谦称自己的妻子为"拙荆"。

现在的古装电视剧，很多成年人披散着头发，似乎追求一种飘逸之美，但按照古礼，那叫"披发"，古代"披发文身"是野蛮的标志。《晏子春秋》载，有一次，齐景公"被发，乘六马，御妇人"出门，守门者是个受刖刑的人，他阻止马匹，不让其出门，并且对齐景公说："尔非吾君也！"齐景公很惭愧。现在导演、演员对古代文化缺乏深入的研究，观众也缺乏批判意识，才导致了荧屏上群魔乱舞的怪象。

此外，简体字和繁体字不是一对一的关系，同一个"发"的字形，头发的"发"的繁体字是"髮"，发展的"发"的繁体字是"發"。很多理发店附庸风雅，把招牌写成"理發店"，成了四不像。

长发飘飘

"髟"（biāo）是长发下垂的样子，在现代，这个字已经不用了，但它作为构字部件，依然很常见，如"鬓""髦""髻""髡""髫"等字都有这个偏旁，也都与头发相关。

人如果一辈子不剪发，头发岂不是无限地长？不会的，头发是有寿命的，到了一定的时期自然脱落，然后会有新的长出来，所以不会太长。头发中有一两根出类拔萃的，称为"髦"，引申为俊杰义，"时髦"就是指一时出类拔萃的人物。民国时期，受 modern（摩登）的影响，"时髦"进一步引申为时代的风尚。但也有特殊的情况，汉明帝马皇后美发，"为四起大髻，但以发成尚有余，绕髻三匝"（《东观汉记》）。陈后主陈叔宝贵妃张丽华"发长七尺，鬓黑如漆"（《陈书·张贵妃传》）。但这毕竟是少数，属于毛囊功能特异者。

在蓄发的年代，头发稀疏怎么办呢？可以戴假发。先秦时期就有假发，《诗经》说卫国宣姜的美貌："鬒发如云，不屑髢也。"（《鄘风·君子偕老》）"鬒"是头发稠密，"髢"（dí）

◎东晋顾恺之《女史箴图》摹本

就是假发，或作"髢"。古代用地位低贱者或罪犯的头发充当假发，剃发叫"髡"，也叫"髢"。《左传·哀公十七年》载，卫庄公见到己氏的妻子头发很美，就把人家的头发剃掉，给他的夫人吕姜做假发。后来戎州人攻打卫庄公，卫庄公逃到己氏家，拿出玉璧，对己氏说："救活我，玉璧就给你。"己氏说："杀了你，玉璧会跑吗？"于是杀了卫庄公。

电视剧中常常看到，清代的大辫子能拖到臀部以下，实际大部分没那么长，很多达官贵人常常用假发续辫子。古代新罗（朝鲜半岛国家）人头发很长，他们经常给中国进贡头发作为假发。一直到现在，假发行业都是朝鲜外贸重要的组成部分。

洗发水与发胶

　　既然头发如此重要，梳洗就成了一件很麻烦的事。梳头用的是梳、篦、栉，"梳"得名于稀疏，齿"比密"者为"篦"，"栉"是总称。说人很辛苦，有个成语叫"栉风沐雨"，就是用风来梳头，用雨来洗头发。栉除了梳头，还可以做发饰。

　　洗发叫"沐"，周公礼贤下士，"一沐三捉发"（《史记·鲁周公世家》），就是洗头发的时候，多次被拜访的人打断，不得不握起头发接见。汉代规定，官员五日放假洗头发，《汉律》："五日一赐休沐。"到了唐代，变成十天一休沐，即上旬、中旬、下旬各一天，这三天被称为"浣"，因此后人以上浣、中浣、下浣指称上旬、中旬、下旬。王勃在《滕王阁序》中说的"十旬休假，胜友如云"，指的就是这种制度。用现在的眼光来看，古人的卫生条件确实不怎么样。嵇康在《与山巨源绝交书》中说，自己经常半月或一个月不洗头。南朝梁代《殷芸小说》记载，晋元帝正月洗过一次头发，不知过了多久，等到"大垢臭"的时候，才"力沐"，也就是用力洗。以至于太子对父亲说："低头洗发这么久，

◎敦煌唐代壁画　都督夫人供养像

没累着您吧？"（"伏闻沐久，想劳极，不审尊体何如？"）元帝说："不累，不累。没有头屑，就没有烦恼。"（"去垢甚佳，身不极劳也。"）真该让他们爷儿俩代言一个洗发水的广告。皇帝卫生尚且如此，普通人可以想见。

古代常用的洗发水是淘米水，称为"潘"，《左传·哀公十四年》有"遗之潘沐"的记载。汉文帝的皇后窦氏年幼时，因家境贫困，曾乞讨淘米水为弟弟洗头。洗完头之后打上点头油，叫"膏"，《诗经·卫风·伯兮》一个女子说："自伯之东，首如飞蓬。岂无膏沐？谁适为容！"（自从大哥走后，我的头发像蓬草一样乱，难道不会打理一下吗？只是你不在，我梳洗给谁看呢？）如果头发干枯，可以用一点润发剂，叫"香泽"，如果还不行，就得用发胶了，古代的发胶叫"强"，一看名字就知道很厉害，类似于现代的三流广告词。厉害到什么地步呢？有时候自己都梳不开，得用水泡开。

断发

古人认为"身体发肤，受之父母，不敢毁伤，孝之始也"（《孝经·开宗明义》）。人生下来，除了婴儿的胎发要剪除外（《韩非子·显学》："婴儿不剔首则腹痛。"），一般情况下是不剪头发的。婴儿出生三月，剪掉胎发，额头上剩下两绺，一直长到眉毛，叫"髦"（máo），类似于今天的刘海儿。《诗经·鄘风·柏舟》说"髧彼两髦"（"髦"为"髦"的假借），指的就是这两绺头发垂在两边。"髦"一直留着，表示自己在父母面前依然是孩子，父亲死，去掉左髦；母亲死，去掉右髦。如果父母长寿，到了五六十岁也要留着。但"髦"究竟是什么样子，汉代的人已经不清楚了。

除此之外，断发被认为是极大的损伤。《吕氏春秋·顺民》载，汤伐桀之后，大旱五年，汤剪断头发，毁伤身体，向天祈祷。曹操马踏农田后，"割发代首"，我们现在觉得他虚伪，但在当时这是不得了的事情。东晋名将陶侃（陶渊明曾祖）家贫，范逵去拜访他，陶侃的母亲湛氏为了招待客人，把自己的头发剪掉换米，让范逵非常感动。断发也是一种刑罚，去掉鬓毛叫"耐"（耏），属于轻刑，剔去头顶周围的头发叫"髡"。夷狄"断发文身"，属于无礼仪的行为。因此明末满人入关，让汉人难以接受的就是剃发令，为此发生了嘉定三屠，大量反抗者被杀，可见当时受到的阻力。现在进监狱服刑还要剃头，就是古代的遗俗。

古人爱惜头发，有个民俗在内，他们认为头发是人的精力所在，头发一旦失去，身体会丧失元气。这符合中医所谓的"发为血之余"的说法，头发的好坏直接体现气血充盈与否。《左传·昭公三年》载，卢蒲嫳看到自己的头发变短，认为自己精力衰竭了。《旧约·士师记》中，力士参孙的力量源于他的长发，当被剃去长发后，他就丧失了力量。因此，现在很多和头发较劲的人，无论多么新潮，大家尽管不明说，内心依然有点不习惯，这就是文化的力量。

强大的"洗"

现代汉语所谓的"洗脸""洗手""洗头""洗澡""洗脚"等清洁类词语，在古代各有自己对应的单音节动词。洗脸叫"颒"（huì），甲骨文作🦴，是一个人对着脸盆洗脸的形状。洗手叫"盥"，小篆作🦴，是水从两手流过，下面接着承盘的形态，即《左传·僖公二十三年》所说"奉匜（yí，水壶）沃盥"。《礼记》载商汤《盘铭》："苟日新，日日新，又日新。"这个"盘"就是类似脸盆的承盘，也就是商汤的洗手盆上刻着这段话。其中"新"是"汛"的假借，即洗涤，这段铭文本意是讲卫生勤洗手，后来用以表示每天追求进步。洗头发叫"沐"，成语"栉风沐雨"，指的是用风做梳子，用雨来洗头发，表明劳作的艰辛。洗身体叫"浴"，"浴"甲骨文作🦴，是人在水盆中之形，后来变成了形声字"浴"。《楚辞·渔父》云："新沐者必弹冠，新浴者必振衣。"即刚洗过头要抚去帽子上的灰尘，刚洗过身体，要振动衣服，抖掉上面的脏东西。洗脚叫"洗"，《汉书·黥布传》载，楚汉相争时，黥布投奔汉王，"王方踞床洗"。如果用现代汉语的理解方式，就会问，汉王在洗什么？其实"洗"本身就是洗脚的意思。

"颒""盥""沐""浴""洗"这些词各有各的适用范围，不需要宾语，因为宾语已包含在它们的词义中。后来"洗"的词义范围扩大，变成了洗涤的一般指称，其他的词就逐渐退出了历史舞台，这是词汇系统内部的调整。当然其余的词也不是束手就范的，也经过无数次挣扎。如洗手也叫"澡"，历史上，"澡"的意义范围曾经扩大，也表示洗，比如"澡身浴德"，但最终没能敌得过"洗"，只好放下身段，和"洗"放在一起变成了"洗澡"，替代了"浴"。由于洗浴和大家关系密切，"浴"至今没有完全脱离现代汉语，虽不单用，但仍作为一个语素存在于合成词中，如"浴室""浴巾""浴霸"，甚至拉着早已不用的"沐"一起出镜，如"沐浴露"。厕所原来直呼"厕所"，后因避讳称为"洗手间"，现在酒店厕所雅称为"盥洗室"。这都是词汇系统内部元素之间的较量。

耳着明月珰

　　女子十五岁，头发上戴笄（簪），即及笄之年。男子二十岁加冠，即弱冠。都是针对头发的礼节。与之相应的还有一个装饰品，叫"瑱"（tiàn）。女子的瑱用丝绳系于发簪之首，悬在两耳边，因此也叫"簪珥"。《诗经》描述卫宣姜的发饰："玉之瑱也，象之揥也。"（《鄘风·君子偕老》）即玉做的瑱，象牙做的揥。男子的瑱，或称为"充耳"，悬于冠上，垂于耳侧，天子用玉瑱，诸侯用石瑱。《诗经》记载一位君子，"有匪君子，充耳琇莹"（《卫风·淇奥》），"琇莹"，是一种宝石。瑱是礼服的一部分，它的作用是悬于耳畔，时常警诫——随意听闻，因以自重。一个人在有罪的时候要撤掉簪珥，《史记·外戚世家》载，汉武帝谴责钩弋夫人，"夫人脱簪珥叩头"。有时出于不得已，撤掉瑱，《战国策·齐策》载北宫之女婴儿子"彻（撤）其环瑱，至老不嫁，以养父母"，为了赡养父母，婴儿子撤掉了佩戴的环和瑱，以此明志，终生不嫁。

　　"瑱"有点儿类似后世的耳坠，但耳坠儿是后代的舶来品，叫"珰"，以中间有孔的玉石做成圆柱体，撑开耳孔放

◎汉代琉璃珰

在里面，然后将系有坠饰的细绳穿过玉石，垂于耳下。汉代的《释名·释首饰》说："穿耳施珠曰珰，此本出于蛮夷所为也。蛮夷妇女轻浮好走，故以此珰锤之也。今中国人效之耳。"可见，汉代人认为这个"珰"是蛮夷妇女的装饰，因为她们轻浮，到处乱跑，因此在耳朵上戴个坠儿，提醒自己时时自重，后来被中原人效法。《羽林郎》中的胡姬"头上蓝田玉，耳后大秦珠"，大秦珠就是"珰"。《孔雀东南飞》中的刘兰芝"腰若流纨素，耳着明月珰"。可见汉末"珰"已经很流行了。最初是用以自重的饰品，后世变成了自我展示的对象，可见时代的嬗变。

牙齿

　　牙与齿有别：齿指的是门牙，牙指的是槽牙。开口说话，叫"启齿"，就是开口露出门牙。笑不露齿，指的是笑的时候不能露出门牙，"唇亡齿寒"，嘴唇不存在了，寒冷的是门牙。嘲笑别人，嘴张的时间久了，门牙都冷了，叫"齿冷"。

　　由于"齿"排列有序，引申有序列之义，"不齿"就是不与之序列；为人所不齿指的是没有人愿意与之序齿，也就是被人看不起。马生下来就有十六颗牙齿，之后随着年龄的增长，逐月逐年增加，一直到六岁长全。因此"齿"也引申有年龄的意思，因此称为"年齿"，按年龄排位置，叫"序齿"。谦虚称自己"马齿徒增"，也就是空增加了年龄，而没有才能。年龄的"龄"字从"齿"，就是这个原因。网络语中的"幼齿"，意思是年龄小，出于闽南语，用的也是这个意思。

　　现代汉语中"牙""齿"同义，"牙"几乎取代了"齿"

的意义，比如牙膏、牙龈、镶牙，医院的"牙科"连齿也要看的，这反映了古今词义范围的消长。但有一个词例外，那就是"智齿"，智齿属于磨牙，按照词义标准应该称"牙"，但为什么在这个词中保留了"齿"，而不是"牙"呢（也有称为"智牙"的，但接受度不广）？因为"智齿"来源于日语，日语中，牙齿单称"齿"，他们的牙科叫"齿科"。日本有"东京医科齿科大学"。

如果父母生病了，有"笑不至矧"（《礼记·曲礼上》）的规定，"矧"是"龈"的假借字，意思是笑的时候不要露出牙龈，也就是不要大笑。"龈"也作"断"，"断断"指的是争辩的时候连牙龈也露出来了，表示争辩急迫的样子。《史记·鲁世家》载，孔子见到鲁国礼乐衰微，感叹道："甚矣，鲁道之衰也。洙泗之间，断断如也。"洙水和泗水之间已经没有礼让之心，到处都是争辩之人。这里本是周公的封国，没想到风气如此，因此孔子有此感慨。

鼻子的作用

"自"的本义是鼻子，甲骨文作𦣻，象鼻子之形。后又造形声字"鼻"，上面的"自"表义，下面的"畀"（bì）是个表音偏旁。

"臭"字从"自"从"犬"，狗的鼻子善于嗅觉，因此，"臭"本义是嗅觉，引申为味道。究竟是臭味还是香味，要看当时的语境，在《诗经·大雅·文王》"上天之载，无声无臭"中，是气味。在《周易·系辞上》"同心之言，其臭如兰"中，和"兰"结合，自然是香气。而《淮南子·说林》"入水而憎濡，怀臭而求芳"，则是难闻的气味。杜甫《自京赴奉先县咏怀五百字》："朱门酒肉臭，路有冻死骨。"前人用阶级分析观点，认为朱门把酒肉放臭了也不给穷人，未免太过，其实是朱门酒肉飘香，路有冻死之人。在上述例子中，"臭"都是气味的意思。后来给嗅觉的意义造出了

"嗅"字，承担了"臭"的嗅觉义，用"香"承担了好的气味之义，"臭"就用来表示难闻的气味了。

　　"息"字上面是鼻子，下面连着心脏，本义是鼻息，相对于呼吸急促的"喘"来说是缓慢的鼻息，因此引申有休息之义。因为鼻息是连续性的，又引申有子息义，《陈情表》云："门衰祚薄，晚有儿息。"儿息就是儿子。儿子的妻子就是"息妇"，后造出"媳"字来指称。媳妇本是儿子的妻子，后引申为妻子或对已婚妇女的称呼。钱能生钱，则叫"利息"，也就是利益的子息。连续便是增长，一个事物停止或是增长，叫"消息"，"消息"是并列结构，意思是消长，《周易·丰卦》云："天地盈虚，与时消息。"即随着时间而消长，因此消息引申为新的状态。

群众的眼睛

　　表示眼睛的"目"是个象形字，作为部件，构字能力很强，从一系列"目"字旁的字中可见其形象。但在有些字中，其中的构件"目"经过讹变，已经完全看不出来了，更无法体现其构意了。只有从较早的字形中，才能看到其中一些被掩盖的事实。

　　甲骨文有个字形 ，是一个竖着的眼睛的形状，有别于横着的"目"（ ），平时人的眼睛是横着的，当低头的时候，有竖起来的倾向（尽管实际上没竖起来）。因此这个字表现的是人低头屈服时，低眉顺眼的形象，这个字是"臣"，因此"臣"有屈服之义。尽管如此，也不是谁都可以称"臣"，就像阿Q没资格姓赵一样。明清之际，考上举人，有资格做官了，才可以称"臣"。很多人考上举人就迫不及待地刻印章"臣某某"，以示荣耀，也就是鲁迅所说的"暂时坐稳了奴隶"。等这个眼睛抬高到俯视一切后，就成了 ，即一个人低头俯视众物之象，这是金文"臨"（临）字，荀子说"不临深谷，不知地之厚也"，其中的"临"就是其本义。这个词在居高临下的含义上成了敬辞，比如降临、莅临、光临、驾临、临幸等，这些敬语，让人或多或少地感觉到那个眼神中的不屑。

比臣下一等的是民，"民"甲骨文作♀，是一根针刺入眼睛的形象，把从战场抓获的俘虏双眼刺瞎，用来做奴隶，这就是最早的"民"。董仲舒说："民者，瞑也。"（《春秋繁露·深察名号》）意思是"民"得名于"瞑"，义指他们是瞎的。这是统治阶级最想看到的，也最想一直保存下去的。历代"民"的限定语，大都有弱小、愚昧义，如小民、草民、庶民、黎民、愚民、平民等。被蒙蔽了双眼，自然就成了愚民。季羡林先生说："群众的眼睛都是瞎的。"不管他出于什么目的，用在这里却合适。甲骨文♂，是一只手去抠低眉顺目的眼睛的形象，这个字是"取"，与后来通行的"牵"同义，用这样的构意，可见在当时这是一种常见的行为。如果人的眼睛瞎了，就可以被随意牵着走。

耳朵大有福

　　"耳"甲骨文作 ϙ ，是耳朵的外部轮廓之形。耳朵的功能是听觉，"闻"本来是耳朵听到，但在现代汉语中引申为鼻子的嗅觉。在某些方言中，"闻一闻"叫"听一听"，这是引申中的通感。有话就光明正大地说出来，窃窃私语是为人所不齿的，"聑"口和耳朵在一起，"聶"（聂）三个耳朵在一起，都是说悄悄话的意思。"效女儿呫嗫耳语"（《史记·魏其武安侯列传》）是被人所不齿的行为。

　　中国人认为耳朵大是有福之相，"耴"为大耳下垂之貌，《左传》有公孙耴，字子耳。老子姓李名耳，字聃，"聃"是耳朵长大的意思，根据这个名字，我们大体能推断，老子生下来，大概耳朵比较与众不同。"耽"的意思是双耳垂肩，《淮南子·地形》载"夸父耽耳"。古代圣人的画像、塑像，都是大耳垂肩之相。聪明的"聪"指的是耳朵听力好，听到的信息多元，且有判断力，这样的人就是圣人。"圣"的繁体"聖"从"耳"，也是耳聪的意思，因此古人说"圣者，通也"（《白虎通·圣人》）。要保持耳朵通畅，当然越大越好。如果耳朵不大，可以用耳孔替代。古

混元之祖太清之尊

五千言道垂乾坤

老子

◎老子（明朱天然《历代古人像赞》）

书载，大禹的耳朵"三漏"，也就是三个耳孔。所谓"禹耳三漏，是谓大通"（《春秋元命苞》）。实际上，大概是禹爷耳朵"渗漏"，也就是中耳炎导致耳道流出异常液体，"渗""参""三"古音近，因此讹传。读书人拍起马屁来，真可以重塑历史，再造金身。

战争中，杀掉敌人，割其左耳以计功，叫"聝"（guó），因此俘虏也叫"俘聝"。"取"字就是以手持耳朵之形，可见这个动作在当时很普及。《神雕侠侣》中，郭襄十六岁的生日大会上，杨过送过她一口袋蒙古大军的耳朵，大概是这种礼俗的遗留。

心还是脑

按照科学原理，人的思考是大脑在起作用，但中国人认为是心在起作用，因此与思考有关的词都是"心"字旁，如思、想、感、情、意、念等。这并不是古人认知的偏差，"思"字小篆作⊛，从"心"从"囟"，"囟"指的是头囟，即头顶部。古人认识到心与脑之间是有联系的，心供给大脑血液，支撑大脑思考，汉代的《春秋元命苞》就说："人精在脑。"心脏的作用是推动血液流通，维持身体各个器官的正常活动，在身体中起决定作用，于是汉语中以"心"为主。心也叫"方寸"，也就是方寸大的地方，可以管辖全身。古人说"心乱如麻"或"方寸大乱"，其实都是脑子乱。现代的新词"脑补""脑残""脑洞"，不再是"心补""心残""心洞"，表明人们关注点的变化。

中医认为心神有窍，心窍通则神志清爽，反之则出现病态，如"痰迷心窍"。《封神演义》上说比干有七窍玲珑心，也就是俗称的"心眼儿多"。冀中平原有俗语曰"少一窍"，指的是人说话欠考虑。俗话描述不安定叫"心里扎了草"，甲骨文有❤字，像心上扎了一个东西，这个字在小篆中变为🦋，从"心"从"囟"，"囟"是屋顶的天窗，孔隙太多，心便不知道何处着力了，这个字后来写作"匆"。朱自清有篇散文叫《匆匆》，写的是对时光的流逝感到惋惜。实际上，时光是恒定的，只是人到了一定的年龄，旁骛多了，自然就会产生时光匆匆的错觉。

甲骨文"心"作♡，像心之形，楷书的"心"已经不再象形，于是产生了很多关于"心"的结构的解说，如《西游记》中，孙悟空学艺，到的是灵台方寸山，斜月三星洞，"斜月三星"便隐含着楷书的"心"字。这样的拆分，从文学上来说有其寓意，但从文字学上来说，是错误的。

云想衣裳

除了吃饭，就是衣服和人类关系密切了，因此，我们汉语中留下了很多与衣服有关的词语。

衣服胸前的那块地方叫"襟"，也叫"衽"，古代中国的衣服衣襟向右掩，叫"右衽"，蛮夷的衣服都是左衽，被认为是无礼的行为，因此孔子说："微管仲，吾其被发左衽矣。"（《论语·宪问》）如果没有管仲当年辅佐齐桓公尊王攘夷，我们这些人现在就和蛮夷一样左衽了。

"襟"又作"衿"，《诗经·郑风·子衿》中的"青青子衿，悠悠我心"，意思就是想到你青青的衣襟，我就会无限心动。长久的活动，会使衣襟松动，因此在比较庄重的场合，要整理一下衣襟，如"正襟危坐""敛衽为礼"。衣襟宽大叫"褒"，因此"褒"引申有大的意思，如褒奖、褒义等。衣服的末端叫"裔"，引申有后裔、苗裔之说。"衷"是贴身的内衣，引申有内部的意思，如"由衷""衷肠""隐衷"等。

如果单说"衣"，指的就是现在所谓的衣服，如果"衣裳"并称，那么上为"衣"、下为"裳"（cháng）。短上衣

◎深衣（黄宗羲《深衣考》）

叫"襦"，《说文·衣部》："襦，短衣也。"襦长不过膝，叫"短衣"，是为了区别上下连在一起的"深衣"，也就是袍。"裳"指下衣，《诗经·郑风·褰裳》云："子惠思我，褰裳涉溱。"（如果你想我了，就提起下裳，蹚过溱水来见我）"裳"相当于现在的裙，《霓裳羽衣曲》中的"霓裳"就是像彩虹一样的裙子。"裙"古作"帬"，指的是披肩，后来这个意义被"帔"取代，"裙"就指称以前的"裳"了。《陌上桑》中罗敷的衣裳"缃绮为下裙，紫绮为上襦"，便是上衣下裳的装束。

作为礼服的"裳"非常宽大，前三幅后四幅布，每幅二尺二寸，连在一起共十五尺四寸，似乎没有人有这么大的腰围，因此裳需要在腰部折起来，因折起来很难看，外面用一个宽大的带子束住，这个带子叫"绅"。绅很长，扎好后，多余的部分自然下垂，下垂的部分起个装饰作用。官员上朝用的笏可以插在绅带中，因此叫"搢绅"，"搢"是插的意思，后来受到"绅"的类化，变成了"缙"，"缙绅"指的是做官的人、高雅的人。因此，我们把英语中gentleman对应成"绅士"。

穷得连裤子都买不起

衣裳之外，下身还需要穿裤子。"裤"以前写作"绔"或"袴"，"绔"得名于"跨"，就是两腿各跨其一。上古的裤子没有裆，只有两个裤管。可以想象韩信受"袴下之辱"时，心里阴影面积有多大。穿着这种绔，在宫廷之中很容易发生暧昧，比如卫子夫就是靠给汉武帝换衣服的机会得到了皇帝的宠幸，后来骆宾王写《为徐敬业讨武曌檄》，说武则天"曾以更衣入侍"，就是诋毁她来路不正。汉昭帝时，上官皇后担心无子嗣，便下令让宫人穿上有前后裆的裤子，并多系腰带，以防止皇帝宠幸宫人，这种裤子叫"穷绔"。汉昭帝驾崩后，十五岁的上官皇后在经历了一系列宫廷政变之后，成了太皇太后。也许在此后三十六年的孤独生涯中，她会想到，没能生养或许是年龄问题。但她不会想到的是，她改造的那种裤子，现在依然影响着世界。

当然，绔不是必需的，穿着长袍（深衣）可以不穿裤子。东汉学者贾逵，少时家贫，冬天常常没有裤子，某日住在其妻兄家，第二天一早，穿着自己大舅哥的裤子走了。（《魏略》）

三国时，高士孙略在冬天见到一个穷人，就把自己的裤子脱下来送给了他。（《高士传》）这也是古人跪坐的原因，如果不穿裤子，像现在这样往地上一坐，容易"走光"，实在是不礼貌的。

尽管有穷得连裤子都买不起的人，但富人家依然很讲究，会用一种很轻便的丝织品——纨来做绔，因此，这些人被称为"纨绔子弟"。

袖子的故事

上古的衣服用整幅的布来做，每一幅为二尺二寸见方，一件衣服需要好多幅布，因此衣服很宽松。坐在一个地方，衣服自然下垂，所以古圣人"垂拱而治"，"拱"是拱手，也就是毫不费力的意思。衣服的边叫"缘"，缘要经过镶边的修饰。因此，将不注重仪表叫"不修边幅"。袖子也用整幅的布来做，因此袖子也很宽大。袖子也叫"袂"，"联袂"就是袖子相连，也就是手拉手。现在我们把分别叫"分手"，古人叫"分袂"。见面时拱手，仿佛将袖子捧起，因此叫"捧袂"，王勃《滕王阁序》云："今兹捧袂，喜托龙门。"平时交流，手露在外面，如果话不投机，则把袖子甩直而走，也就是"拂袖而去"。而"攘袂"就是今天所谓"撸起袖子"的意思。如果不积极参加某事，就是"袖手旁观"了。

由于袖子宽大，可以起掩盖的作用，战国时期，信陵君手下的勇士朱亥用袖中所藏四十斤的铁锤杀掉晋鄙，从而将兵救赵。古人在袖子里面缝制了袋子，可以装钱或其他东西，有人送礼，一拉手就装起来了，神不知鬼不觉。因此

◎掩袖工媚（民国王小梅《百美画谱》）

夸人廉洁，叫"两袖清风"。在古人心中，袖子有种神秘的功能，五庄观里镇元大仙的袖子，连孙悟空都没办法。当然，袖子太宽大，也会影响行动，汉哀帝宠幸"美丽自喜"的董贤，有一次，哀帝醒来，发现董贤压住了他的袖子，为了不打扰董贤睡觉，就斩断了袖子，后人便用"断袖"一词来指称男同性恋。将电影"Brokeback Mountain"（断背山）翻译成"断臂山"大概就受了这个成语的影响。袖口叫"祛"，春秋时，晋献公驱逐群公子，重耳越墙而逃，寺人披一剑斩下了他的祛。后来重耳即位，寺人披前去请见，重耳耿耿于怀，说："夫祛犹在，女（汝）其行乎！"（《左传·僖公二十四年》）因此，"斩祛"有旧怨的意思。

　　春秋时，晏子向楚王夸说齐国的临淄城繁华，说当地"举袂成云"，即大家举起袖子就是一片云。徐志摩在《再别康桥》的结尾说"我挥一挥衣袖，不带走一片云彩"，不知道当时他是否想到了这个成语。但无论如何，他衣袖轻轻一挥，却为我们呈现出现代文学中最美的一片云彩。

千金裘

　　保暖的衣服中有"裘"，"裘"的甲骨文作𧚍，是个象形字，像兽皮毛向外翻的样子，金文简化为𧘇，这个字就是"求"，后来"求"被假借表示要求的意思，因此给毛衣的"求"加上"衣"旁变成了"裘"。裘的外面是毛，叫"表"，"表"的小篆作𧞮，楷化作"表"从"衣"，从"毛"。和表相应的是"裏"，小篆作𧝎，简化作"里"。现在说"衣服里子"的"里"，用的还是本义。说人表里不一，就是外面和里面不一样。《左传》说晋国"表里山河"，就是"外有山，内有河"这样的天险。这个"里"字和三村五里的"里"本不是一个字，是文字简化过程中的强行认同。有个爱好书法的作家给傅作义将军故里题字，写成了"故裏"，就是分不清这两个不同的"里"字的缘故。

　　最好的裘用白狐腋下的毛制成，因此有"集腋成裘"的说法，这样的裘又轻又暖，属于地位高的人的服装，因此子路有"愿车马衣轻裘与朋友共"（《论语·公冶长》）的愿望。《史记》载，孟尝君有一狐白裘，"直（值）千金，天下无双"。李白说："五花马，千金裘，呼儿将出换美酒。"可见其豪侠之气。除了狐裘，名贵者还有貂裘，可以想象苏轼《江城子·密州出猎》中的"锦帽貂裘，千骑卷平冈"是多么美丽的画面！此外还有鹿裘、狼裘、羔裘、兔裘、狗裘，其质量就等而下之了。

春秋时，卫献公在政变中逃亡齐国，右宰谷起初跟随他，后来私自逃归卫国，卫人要杀他。右宰谷说："余不说初矣，余狐裘而羔袖。"意思是，以前的事就不说了，我的行为就像狐裘羔袖，也就是我的优点多于缺点。于是卫人赦免了他。（《左传·襄公十四年》）后人用"狐裘羔袖"比喻大优点小过失。

衣冠楚楚

衣与冠都是身份的标志，随着地位的不同有各自的标准，所以中国历来有"只认衣冠不认人"的传统。形容一个人穿戴整齐光鲜，叫"衣冠楚楚"，源自《诗经·曹风·蜉蝣》中的"衣裳楚楚"，实际上"楚"是丛林的意思，"楚楚"的"楚"是"黼"字的假借，《说文·黹部》："黼，合五采鲜色。"指的是衣裳五彩鲜明的样子。"衣冠中人"指的是有地位、有修养的人。西晋末年，五胡乱华，中原士族南逃，古人称之为"衣冠南渡"，即中原文明南迁。

冠上有簪，簪穿过冠和头发，将二者连在一起。冠上有缨下垂，在下巴下打结。所以世代为官的家族被称为"簪缨世家"。天子、诸侯、公卿的冠也称为"冕"，冠冕上有"旒"，旒的数目随身份而定，天子十二，诸侯九，上大夫七，下大夫五，士三。旒就像一个帘子，挡在眼睛前面，表示不见邪秽，以避免"水至清则无鱼，人至察则无徒"。王维诗云："九天阊阖开宫殿，万国衣冠拜冕旒。"描述的就是一派"冠冕堂皇"的场景。人的帽子，就像宫室的屋

◎冕服图（周锡保《中国古代服饰史》）

顶一样重要，"人之有冠，犹宫室之有墙屋也"（《国语·晋语》）。子路在卫国作战，有人用戈击中了他的头，并割断了冠缨，子路说："君子死，冠不免。"（《左传·哀公十五年》）遂系缨以正冠，而后死去。汉代的汲黯性情庄重，汉武帝有时不戴冠见丞相，但不戴冠不敢见汲黯。如果是现代，完全可以废掉这个法则，但那个时代没有这么做。

古代官服中央有一块方形的补子，补子上有动物图案，文官为禽，武官为兽，据品级而有所不同，这叫"衣冠禽兽"。按照官本位的思想，这就是有出息了。"衣冠禽兽"的本义是因为使衣服上描画有"禽兽"，是个主谓结构。后来在使用中，变成了穿戴衣冠的禽兽，成了定中结构。这也是因为那些衣冠中人不检点导致这个短语在使用中走了样，那又能怪谁呢？

皮革

　　除了布帛之外，皮革是衣服的重要面料。"皮"与"革"密不可分，"皮"金文作𤿡，是会意字，是用手剥下兽皮晾干的样子。手里拿的那个兽皮就是"革"的简化。"革"甲骨文作𩵋，显然是用木棍撑起兽皮之形。皮经过处理，去掉毛叫"革"，也叫"鞟"（kuò）。棘子成认为君子有内在的质朴就可以了，不需要外在的容仪；子贡说，外在的容仪和内在的质朴是不能剥离的，不然"虎豹之鞟，犹犬羊之鞟"（《论语·颜渊》）。革上没有了毛的纹饰，虎豹的革都分不清。儒家重视容仪，常常用"皮"来形容一个人的容仪，如《诗经·鄘风·相鼠》："相鼠有皮，人而无仪。"（看那老鼠还有张皮，人却没有仪表）《周易·革卦》："大人虎变，其文炳也"；"君子豹变，其文蔚也"（大人的改变似老虎变化，其毛色鲜明；君子的改变似豹子变化，其毛色茂盛）。虎皮上的斑纹叫"彪"，引申为光彩，因此有个成语叫"彪炳史册"。除了做衣服外，革还可以用来做铠甲，因此"兵革""马革裹尸"都是甲兵之事。"革"也引申有改变之义，

"改革""革命""革职""洗心革面"，其中的"革"都是改变的意思。

古汉语中"皮""革"有严格的区分，但在语言使用过程中，"皮"的词义吞并了"革"，如我们所说的"皮鞋""皮包"实际上是革做的，而且"鞋"本身就是"革"字旁。（除了在"西装革履"中偶尔用一下"革"。）但在具体专业用词方面，还是严格的，比如有"人造革"，但没有"人造皮"。

另一方面，"皮"用来指称动物，人的则用"肤"，截然分开。"肤如凝脂"肯定是说人，"相鼠有皮"则是说动物。现代汉语中已经用"皮"来指称人，但一般带有贬义，如"脸皮""嘴皮子"，王熙凤骂人常说"仔细你的皮"。正式场合还是有所区分的，如"护肤霜""润肤露"，要改成"皮"，会有砸牌子的危险。但医学方面似有例外，如"植皮""皮疹"，按照词义原则，应该是"植肤""肤疹"。之所以如此，是因为医学上的"皮"是个专有概念，有别于我们日常使用的一般词义。

把酒话桑麻

绞丝旁"纟"(mì)，甲骨文作，是一束丝的样子。丝是蚕所吐，抽丝时要先找到一个头儿，这个头儿叫"绪"，因此有"头绪"之说，"思绪万千"就是好多头绪，剪不断，理还乱。和丝形制相同者是麻，麻是一种植物，茎直，荀子说的"蓬生麻中，不扶而直"(《荀子·劝学》)，就是这样子。织布的麻就是这种植物的皮，将麻的皮与茎秆分开，在水中沤，将皮上的一层外皮去掉，剩下白色的麻丝，将这些细麻丝接到一起，成为长长的"缕"，所以有个成语叫"不绝如缕"。"缕"可以织成布，也就是麻布。将麻接到一起的整个动作叫"绩"，也叫"纺绩"，范成大的《夏日田园杂兴》说"昼出耘田夜绩麻"，是典型的农人生活。现在我们说的"成绩"，就是一点一点接续起来的努力。"绩"也叫"缉"，"通缉"就是先找线索再一步步侦查。引申之，用丝缕把布的边缘缝好叫"缉"，"编辑"的"辑"是"缉"字的假借，编到一起，然后使之整齐。

丝做的帛轻暖，较为难得，普通人家在较富庶的时代"五十者可以衣帛"(《孟子·梁惠王上》)。普通人穿的衣

◎纺织图 江苏省徐州市铜山区洪楼汉墓出土画像石

服是麻做的，麻布不染多为褐色，因此穿麻布叫"衣褐"，麻布之衣叫"布衣"，后来用"布衣"指称没有功名、地位的人。古代的衣服没有棉花，棉花在宋元之际才来到中国，以前的冬衣中装的是"绵"，丝做的叫"絮"，麻做的叫"缊"，所以古人指称衣服陈旧有"敝衣缊袍"之说。因此古代养蚕、种麻是很重要的农活，也是重要的话题，如"相见无杂言，但道桑麻长"（陶渊明）、"开轩面场圃，把酒话桑麻"（孟浩然）。孟子也有"五亩之宅，树之以桑"的说法，桑之外，还种梓木，可以做器具，因此称家乡为"桑梓"。

言念君子，温其如玉

君子必佩玉，甚至有"君子无故，玉不去身"（《礼记·玉藻》）的规定。古人认为玉有"五德"，也就是五个特点："润泽以温，仁之方也；鰓理自外，可以知中，义之方也；其声舒扬，专以远闻，智之方也；不桡而折，勇之方也；锐廉而不技，絜之方也。"（《说文》）简单地说，就是温润，内外如一，声音舒畅，可折而不可曲，有棱角但圆转而不伤人。这也是对人的行为的一种提醒。

"玦"是半个环的形状，其谐音"决"，君主如果贬黜臣子，就会赐给他一个玉玦，含蓄地表明自己决绝的态度，同时也给臣子留面子。佩戴玉玦也表示有下决心的意思，鸿门宴上，范增暗示项羽杀掉刘邦，不能明言，就拿自己佩戴的玉玦暗示项羽决断。"环"是环形的玉，其谐音"还"，如果君主召还被贬黜的臣子，会赐给他一个玉环。当然环还暗含循环无穷的意思，佩戴玉环表示"循道无穷"。戒指的英文是"ring"，暗含"endless"，也就是无穷无尽的意思，因此成为爱情的象征。"璧"也是环形的玉，璧与环的区别在于，环是孔与玉边相等，璧是玉边大于孔。璧是

◎玉环

很重要的礼器，用来祭天，也是诸侯之间重要的馈赠之礼。春秋时期，鞌之战中，晋国的韩厥与齐顷公狭路相逢，他并没有趾高气扬地俘虏齐顷公，而是以臣子之礼，叩头再拜，并将绳子和礼物一起奉上，"奉觞加璧以进"。即便是在战斗中，依然尽力克制，为双方保留了一份体面。

　　配饰是一种节制，而不是炫耀。比如"戒指"（也叫"约指"）这个名字，意思就是"戒"其"指"不要乱动。《书剑恩仇录》中，乾隆皇帝送给陈家洛一块暖玉，上以金丝嵌着四行细篆铭文，文曰："情深不寿，强极则辱。谦谦君子，温润如玉。"也就是不管感情还是性格都要讲究个度。考古工作中，可以根据出土配饰推断拥有者的身份地位。可以想象，几百年后，后人挖掘我们这个时代的各种遗址，会出土半斤重的大金链子、小金表，也会反映出一个时代赤裸裸的物质追求。

切磋琢磨

　　玉在石头中叫"璞"，将璞剖成玉的过程叫"理"，和氏璧最早就是璞，最终"王乃使玉人理其璞而得宝焉"（《韩非子·和氏》）。理玉要按照玉的纹理去操作，因此"理"引申有治理、纹理、道理等意思。把玉加工成器物叫"琢"，因此有"玉不琢，不成器"（《礼记·学记》）的说法。治理玉也叫"琱"，后来假借作"雕"，因此就有了"雕琢"这个双音词。把石头加工成器物叫"磨"，琢与磨都需要谨慎小心，因此"琢磨"表示认真思考。推广开来，把骨头加工成器物叫"切"，把象牙加工成器物叫"磋"，因此有"切磋琢磨"之说，引申为研究问题时，取长补短，精益求精。

　　"玉"小篆作玉，与"王"的小篆王，字形相近，但仔细看还是有区别的，"玉"字的三横距离相等，"王"字中间的一横略微向上，以示区别。现在我们所谓的"王字旁"（王）的字很多，这些字实际上是"玉"字旁，如"琼瑶""琳琅""珠玑"，甚至动词"玩""弄"等。我们现在看到的这个有点的"玉"字，最早的含义是玉上的瑕疵，读

◎完璧归赵 山东省嘉祥县武氏祠汉画像石

作 xiù。蔺相如奉璧入秦，秦王拿到和氏璧后，不愿归还，蔺相如说："璧有瑕，请指示王。"（《史记·廉颇蔺相如列传》）其中的"王"当是"玉"（xiù）之误，他的意思是，璧上有瑕疵，让我指出这点瑕疵。"瑕"是玉上的红色斑点，《礼记·聘义》云："瑕不掩瑜，瑜不掩瑕。"意思是玉的斑点不能掩盖玉的光泽，而玉也不会掩饰自己的斑点，比喻一个人胸怀坦荡。玉上面的凹坑叫"玷"，也就是我们所说的缺点的"点"的本字。《诗经·大雅·抑》云："白圭之玷，尚可磨也；斯言之玷，不可为也。"白圭上的缺陷尚能磨掉，但人言语上的缺陷，却不能磨灭。孔子的学生南容见到这句话，很有感触，多次重复"三复白圭"，孔子很欣赏，就把自己的侄女嫁给了他。（《论语·先进》）

名者，命也

　　在现代汉语中，"名字"是一个双音复合词，但古代名和字不是一回事。"名"是一个人和其他人区分开的重要标志，人生下来三个月，父亲为之命名。为什么三个月呢？因为孩子长到三个月，就能够对外界产生主动的反应。《礼记·内则》："父执子之右手，咳而名之。"父亲拉着孩子的右手，小孩笑着，父亲给他命名。

　　古人怎样给孩子取名呢？周代先祖姜嫄踩上巨人足迹而怀孕生下后稷，以为不祥，就把他抛弃在狭窄的小巷，但牛羊哺育他。又把他扔到河冰上，但鸟用翅膀护住他，让他不被冻僵。那时姜嫄才意识到这是神的指示，便将婴儿抱回抚养，因为被丢弃过，因此取名"弃"。孔子出生时，头顶中间是凹下去的（圩顶），像鲁国的尼丘山之形，因此名"丘"。孔子的儿子出生时，鲁昭公送去一条鲤鱼表示祝贺，孔子便给儿子起名"鲤"。还有一种名字，类似一时的风尚，如周桓公名黑肩，鲁成公名黑肱，晋成公名黑臀，这大概是胎记的原因。古人取名是不是很随意？这不是随意，而是表明名是天意，是天生带来的。因此，古代对名有禁忌，不能轻易叫自己或别人的名。人的名只有父母长辈、长官可以称呼，同辈人要称字。男子到了二十岁加冠的时候，长辈要为他取字，以后同辈人就要称呼他的字，以示对成人的尊重。称别人的名，是一种高高在上的态度，比如《三国演义》中，同样是吕布（字奉先），董卓叫他"奉先我儿"，称字，表达的是一种敬爱。张辽骂他"吕布匹夫"，称名，表达的是不屑。自称当然要称名，不能称字，曹操与刘备煮酒论英雄，曹操说："玄德久历四方，必知当世英雄。"刘备回答："备肉眼安识英雄？"曹操称刘备的字"玄德"，表示尊重，刘备自称名，以示谦虚。这才是得体的对答。现在的电视剧上，纪昀对皇帝说"臣纪晓岚"，那是不可能的，御前失仪，是要治罪的。

闻字知名

人小的时候，大家称他的名，到了二十岁加冠的时候，就要为他取字，以示尊重。《礼记·檀弓》云："幼名，冠字。"字是对名的进一步延伸，表达一种愿望。苏洵给自己的两个儿子命名，一个叫苏轼，一个叫苏辙。他为此做了一篇文章，叫《名二子说》。他说，任何车都有轼，没有轼就不是完整的车。轼啊，我担心你不太懂得修饰自己。因此给苏轼取字子瞻，出自《左传·庄公十年》："登，轼而望之。""望"与"瞻"同义，希望他凡事要瞻前顾后。天下的车都在车辙里走，但说到车的功劳，没有车辙的份儿。尽管如此，车、马都会毁坏，但车辙不会有灾难。因此给苏辙取字子由，凡事由着自己来吧。事实证明，苏洵的想法是对的，苏轼因为太过率直，一生多难，最终流放海南，死在常州。而苏辙一生勤勉、谨慎，做到宰相，善终。

字与名密切相关，孔丘字仲尼，为什么呢？"仲"是他的排行，"尼"是尼丘山，孔子生下来头上有个坑，像尼丘山。孟子名轲，字子舆，舆是车子，轲是车上部件。也有名与字相反的，相反也是一种联系，如韩愈字退之、赵孟颃（同"俯"）字子昂、刘过字改之。这就是《白虎通》所说的："闻名即知其字，闻字即知其名。"后人取字一直遵循着这种规矩，只是在文字上更为讲究。如颜真卿的曾祖颜勤礼，字敬，出自《左传·成公十三年》："君子勤礼……勤礼莫如致敬。"刘墉，字崇如，出自《诗经·周颂·良耜》："其崇如墉。"蒋中正，字介石，出自《周易·豫卦之六二》："介于石，不终日，贞吉。"象曰："不终日，贞吉；以中正也。"

尽管古人的名看似随意，但他们的字大都含蓄、典雅、谦虚，因此称呼别人的字，是一种尊敬。问别人的字，用"台甫"，如"请教尊姓、台甫"，"台"是对"三台"的简称，汉代尚书为"中台"，御史为"宪台"，谒者为"外台"。唐代尚书省又称中台、中书省又称西台、门下省又称东台。"甫"是对男子的美称。"台甫"的意思相当于"官名"。我们现在称呼古人如李白、杜甫，这是很不礼貌的，以前都是称呼李太白、杜子美，甚至称呼他们的官职，以示尊重。

名讳

　　对平辈可以称字，对君主、长辈的名字则要避讳，避讳就是遇到君主或长辈的名字的代表字或和名字同音的字要改读别的音，写的时候或缺笔，或改写成别的字。讳分为国讳和家讳，国讳是一个国家都要避的讳，包括皇帝及其父祖名字等。如汉文帝名叫刘恒，于是把姮娥改名"嫦娥"。唐太宗名"世民"，于是把六部中的民部改为"户部"，称呼观世音为"观音"——菩萨都得让着他。家讳是家族内部的避讳，如林黛玉的母亲叫贾敏，她读书读到"敏"的时候读成"密"，写"敏"字的时候要缺一两笔。苏洵的父亲名"序"，所以他碰到写"序"的地方，就写"引"字，他儿子苏轼则以"叙"字来代替。还有一个特殊的讳就是圣讳，即孔子的名讳"丘"，要读成"某"，写起来或缺一笔成"丘"，甚至将丘姓改作"邱"。有些敬畏本是好事，但太过就作茧自缚了。李贺的父亲名晋肃，因为"晋"与"进"音同，李贺就不参加进士考试。韩愈因此作《讳辩》，质问道："若父名仁，子不得为人乎！"（如果父亲叫"仁"，儿子就不能做人了吗？）尽管如此，李贺最终也没

◎李贺（清上官周《晚笑堂画传》）

参加进士考试。

　　一个朝代越长，避讳的字就越多，因为皇帝祖上的名字都要避讳，清代举子写到"玄""胤""弘"等字，最后那一笔是不写的，因为这是康熙、雍正、乾隆三位皇帝的名讳。后来朝廷考虑到如果皇帝名字中出现常用字，会给读书人带来麻烦，于是从嘉庆帝起，登基后会把名字改为生僻字，比如嘉庆皇帝本名"永琰"，因为"永"字常用，改"颙琰"。道光皇帝名"绵宁"，"绵"字常用，改"旻宁"。皇帝都这么考虑大家的感受，那位"只许州官放火，不许百姓点灯"的太守田登，则是官僚嘴脸，自大成狂。而五代时宰相冯道的门客，遇到"道"字就读作"不可说"以避讳，一日读《道德经》"道可道，非常道"闹出大笑话，也是奴才本性，吮痈舐痔，无所不为了。

"老百姓"

上古知其母而不知其父，认为圣母感天而生子。如商的祖先契，是其母简狄在野外吞食燕子卵怀孕而生。周的祖先后稷，是其母姜嫄在野外踩到一个巨人的足迹怀孕所生。因此，古代的大姓，如姬、姜、妫、姒、嬴、姞、妘、姚，都是"女"字旁，这是母系氏族时代的遗迹。《说文·女部》："姓，人所生也。古之神圣母感天而生子，故称天子，因生以为姓。"圣母生天子，因此产生了姓。

姓的范围很大，凡是同一个祖先，都是同姓。同姓下面的支派叫"氏"。姓用以统率全族，氏用以区别贵贱。贵者有氏，贱者无氏。氏的来源很多，如以国为氏，如齐、鲁、郑、陈、吴等。以官爵为氏，如王、侯、司徒、司马、司空等。以职业为氏，如师、巫、卜、屠等。以居住地为氏，如东郭（外城为郭）、南郭、西门等。以祖父的字为氏，如王、公之子孙，可以称为公子某、公孙某、王子某、王孙某，以下即以祖父的字为氏。比如周平王的庶子字林开，其后代以"林"为氏。宋国为子姓，宋闵公的五世孙，名嘉，字孔父，其后人便以"孔"为氏，后人尊孔父嘉为孔氏始祖。在这种背景下，父子、兄弟都有可能不同氏。

　　如果不知道姓氏有别，读书就会感到迷惑，如《史记》载屈原为"楚之同姓也"，楚国是"芈"姓，屈原不是姓屈吗？其实屈原姓"芈"，"屈"是他的氏。楚国国君也是"芈"姓，可他的氏是"熊"（从这个角度说，《芈月传》中的芈月应该是熊月）。秦王灭楚国时，楚南公说："楚虽三户，亡秦必楚。"（《史记·项羽本纪》）三户指的就是芈姓的屈、景、昭三氏。秦始皇统一六国，灭掉六国的贵族，"妃嫔媵嫱，王子皇孙。辞楼下殿，辇来于秦。朝歌夜弦，为秦宫人"（杜牧《阿房宫赋》），中国的贵族阶层第一次被消灭，社会向下拉齐，导致之后姓、氏合一。《史记》中说汉高祖"姓刘氏"，可见司马迁的时代，姓氏已经合流。此后，所谓的"姓"就相当于古代的"氏"了。

　　"百姓"本义是百官，《尚书·尧典》有"平章百姓"的话，后来指普通民众。后来用"人民"指称民众，"老百姓"逐渐成了历史词汇。近几年这个词再次被时时提起，"老百姓"成了"普通人"的代名词。

饮食起居

坐有坐相

古人的坐相当于后世的跪，双膝着地，臀部置于脚跟。《礼记·曲礼上》云："坐如尸。"这个"尸"不是尸体，是祭尸，祭祀的时候，在受祭者的后人中选一个容貌像祖先的人，让他坐在上位，代替祖先受祭，这个人就是"尸"。"坐如尸"就是坐着的时候要严肃，如祭尸一般。如果与人并坐，上臂不可横着张开，因为这样会妨碍旁人，这就是"并坐不横肱"。如果你坐着，尊者立着，给尊者东西时要站起来，不能麻烦尊者俯身。如果尊者个子矮，就要跪着给他东西。这就是"授立不跪，授坐不立"（《曲礼上》）。《战国策·秦策》载伍子胥在吴国乞讨时，"坐行蒲服"，"坐行"就是跪着前进，用我们现在的坐法是不能前进的。表示庄重的时候，臀部要离开脚后跟，挺直身子，这叫"长跪"，《战国策·魏策》中唐雎威胁秦王，秦王的表现是"长跪而谢之"。长跪也叫"跽"，鸿门宴中，樊哙闯帐，项羽"按剑而跽"的"跽"，也是这个动作。

明白了古人的坐姿，便于理解中国古代的跪拜之礼，拜就是磕头，古人分为"九拜"，不同的场合有不同的拜礼。

◎西王母　山东省嘉祥县城东北洪山村出土东汉画像石

我们现在觉得复杂得很，但当时并不复杂，他们平时就跪着呢，见面或告别的时候磕头，就像我们现在点一下头。为什么会有这种文化现象呢？古人说，远古时期服饰简陋，"知蔽前而未知蔽后"（《北堂书钞》卷一百二十八引《五经要义》），在公共场合就跪着，好遮住下身。我们现在这种坐姿，对于古人来说是最不礼貌的。

坐着就骄傲了

　　古人在正规场合都要跪着，这是很累的。所以，居家时不必如此。省力的坐法是脚板着地，两膝耸起，臀部向下而不贴地，也就是今天的蹲着。《说文·尸部》："居，蹲也。"这个"居"字就是后来的"踞"字，这样可以缓解膝盖受到的压力。《韩诗外传》载，孟子有一次回家，发现妻子在家"踞"，便认为她不守妇道，提出要休妻。孟母说，不是她无礼，是你无礼。礼法规定，进别人家门的时候，要先问谁在谁不在；登堂的时候，说话声音要大，要让主人知道。入户的时候，眼睛要瞅下面，不要直视。为的是不能乘人不备。你进门不出声，入户又直视，看到妻子蹲踞，是你无礼在先。孟子于是自责，不敢提休妻的事了。

　　其实蹲久了也会累，另一种缓解方法就是臀部着地，双脚前伸，就是现在的坐，古代叫"箕踞"，即像簸箕一样蹲踞，这是一种极不礼貌的坐法，原因前面已经说了。孔子的朋友原壤，伸腿踞坐，孔子用手杖打他的小腿，并骂他："老而不死是为贼。"（《论语·宪问》）因此，《礼记·曲礼上》云："坐毋箕。"荆轲刺秦王，荆轲被击伤后，就是这

◎南山四皓 四川出土东汉画像砖拓片

样坐着，表示对秦王的不屑，其中的潜台词大家都懂。《史记·高祖本纪》载，刘邦常常"箕踞"骂人，有一次他这样坐在小板凳上洗脚，接见郦食其。郦食其说，大王如果想为天下灭掉秦国，不应该"踞见长者"，刘邦赶紧道歉。因此这个"踞"就表示不礼貌，后来又发展出"倨"字，即倨傲义。汉代画像砖《南山四皓》，左边一人，便是箕踞，表示一种放纵的态度。

但也有一些对自己要求很严格的人，比如汉代的管宁，五十多年从没有"箕踞"过，他常坐一个木榻，"榻上当膝处皆穿"（《高士传》），即把木榻都跪破了。

坐席

有个成语叫"席地而坐"，意思是以地为席而坐。从这个成语中可以看出，古人一般是在席上坐着的。古代"筵席"并称，筵长，在下，席短，在上，席的厚度根据等级不同而有所不同。《礼记·礼器》中说："天子之席五重，诸侯之席三重，大夫再重。"登席之前，要先脱鞋，然后跪在席上，两膝并拢，把臀部放在脚后跟上。席子要放端正，不能随意铺设，孔子"席不正不坐"（《论语·乡党》），是因为不合礼制，所以不坐，并不是他瞎讲究。

"席"的甲骨文作 𓎩，是草编席子的形状。古人坐在席子上，位置很重要，因此有席位、主席之说，所以中国一直有吃饭时让来让去的习惯。席有的是连着的，有的是分开的。连着的几个人坐在一张席上，坐席的规则是"坐不中席"（《礼记·曲礼上》），就是不能坐在席子中间，原因是一席四人，席的一端为上座，不但不能坐上席，即使中席也不能坐，这是谦恭。所以中国人表示客气的话叫"叨陪末座"。汉代管宁与华歆一起读书，"同席肄业"，有高车过门，管宁读书如故，华歆出门观望了一下，管宁就把席

◎讲经图 四川成都出土汉代画像砖

子割开，和他断交了，他认为华歆做出这种行为不配做他的朋友。席子也有分开的，每人一席，类似于小坐垫。《史记》载汉文帝在未央宫的宣室召见贾谊，贾谊为文帝讲论鬼神之事，文帝听得入神，不自觉地将自己的席子向前挪动。后来李商隐作诗讽刺道："可怜夜半虚前席，不问苍生问鬼神！"

　　后来又出现了"榻"，高出地面一些，上面放席。汉代陈蕃为豫章（南昌）太守，从不接见宾客，唯独尊重高士徐稚（孺子），特意给他准备了一个榻，平时悬挂起来，徐稚来的时候才放下来，徐稚走后，陈蕃就把这个榻挂起来。王勃在《滕王阁序》中说南昌这个地方："人杰地灵，徐孺下陈蕃之榻。"因此，后世用"下榻"表示受到礼遇。这是一个敬辞，不能说我下榻在什么酒店，那会被笑话的。

得几而止

一直跪着毕竟会累，正规场合又不能箕踞，于是出现了一种支撑身体的坐具“几”，“几”甲骨文作，左右是两只脚，周围的点画是装饰。“几”可以放在身前，人可以伏在上面，如“伏几而寐”（《史记·扁鹊仓公列传》），也可以放在身后，人靠在上面，如“南郭子綦隐几而坐，仰天而嘘”（《庄子·齐物论》）。现在的茶几就是古代几的遗留。人凭几而卧叫“凥”，小篆作，是一个人靠在几上的形象。这个字就是居住的“居”的本字，停下来的意思。孔子和学生说：“居，吾语汝。”（《论语·阳货》）意思是：“坐下来，我告诉你。”古人把日常行为叫“起居”，也就是每天的行止。“居士”就是停下来不再参与世事的人。

和“居”意思相同的是“处”，“处”金文作，是一个人靠着几的形象，凭几而卧就有安静不外出的意思，因此把一个有才能而不参与世事的人叫“处士”，把一个在家安居不外出的女子叫“处女”。有个节气叫“处暑”，“处”的意思是停息，处暑即暑气停止，天气变凉。把东西放在一个地方待用叫处置、处分。现在所谓的财务处、教务处等的

◎凭几玉人 河北满城汉墓出土

"处"，是处所义，也是"处"义的引申。当然处长们如果不安于自己的处所，会受到处分的。相处，就是相安，"处对象"似乎每天都在约会，没有消停的时候，但其目的是两个人能够安静地过日子，这才是"处"的本义。

"处"在现代汉语中分成两个音，三声为动词，四声为名词，上述的词或短语，除了财务"处"、教务"处"读四声，其余都应该读三声。

簋街

　　北京东直门有条街叫"簋（guǐ）街"，据说最早叫"鬼街"，不管是出于什么原因叫的这个名字，"鬼街"总给人造成一种不祥的心理暗示。后来这里成了餐饮林立的繁华街区，为了照顾大家的心理，便将"鬼"写作"簋"，以符合吃食的特点。不然一边吃饭一边想着十字坡的人肉馒头或盘丝洞里人脑煎做的豆腐块，这时，服务员送上一个毫无主题的微笑，不由得你不脑补很多后厨的场景。将"鬼"换成"簋"之后，这个问题解决了，但随之而来的是"簋"字不属于通用字，给大家造成了识读障碍，很多人写的时候，依然写成"鬼街"，以图方便。可见语言和文字有时候是脱节的。

　　如果不是簋街让大家认识了"簋"字，这个字很可能就成了历史字，永远封存在字典中了。簋街的出现激活了它，我们就应该了解一下这个字。簋在商周时期与人的关系非常密切，以至于我们现在的许多常用字都与它有关。"簋"甲骨文作🝈，是一种圆腹的食器，最早是青铜器。后来变成了竹器，所以加上了竹字头，因为是器皿，所以加上了"皿"的义符。"食"的甲骨文作🝈，上面是一个倒着的

◎秦公簋

"口"，下面是个"簋"，即吃东西的意思。甲骨文𝕰，是一个人跪着凑近簋去进食的画面，这个字是"即"，"即"的本义是接近，"即位"就是接近位置，"若即若离"就是好像接近又好像离开。因此，"即"引申有将要之义，比如即将、即刻，都表示将来时。和"即"相反的甲骨文𝕰，是一个人吃完饭后，背对着簋，张着嘴、打着饱嗝离开了，这一个字"既"，"既"就是已经的意思，"既然"就是"已经如此"。甲骨文𝕰，是两个人相向而食，就是"乡"字，意思是相向（也就是后来的"向"），这个字也是享用的"享"。为了区分，方向的"向"加上声符作"嚮"，享用的"享"加上意符作"饗"。

除了"簋"之外，这几个字都是现在的常用字，可见文字承载的信息是很久远的。当然，"簋"这个字在现代有多大的接受度，就看簋街能繁荣多久了。

钟鸣鼎食

　　鼎是古人重要的烹煮食器，甲骨文"鼎"作🦴，是个象形字，上部有耳，可以插进木头抬起来。鼎很沉重，商代的后母戊鼎重达 832.84 千克。形容一个人力气大，说他"力能扛鼎"。鼎一般有三足，缺一不可，所以敬称别人的帮助是"鼎力相助"。鼎的作用是烹食，也就是煮食。鼎下面点火，把水烧开就是"鼎沸"。地位越高，吃饭、祭祀的时候陈列的鼎就越多，天子用九鼎，诸侯七鼎，卿大夫五鼎，士三鼎，因此有"钟鸣鼎食"之说。鼎的外部多刻有瞠目张口、有首无身的怪兽，名"饕餮"（tāo tiè），有求鬼神保佑、被除不祥的意思，后来就用"饕餮之徒"来形容大吃大喝的人。

　　除了烹食，鼎的另一个作用就是把人放到里面处死，这在古代是一个重要的刑罚，叫"烹"，也叫"汤镬"，"镬"就是敞口的鼎。比如项羽就要烹刘邦的父亲刘太公，据刘邦要"分一杯羹"的回答来看，烹的结果就是把肉煮熟，进而煮成一锅肉粥。汉代的主父偃大言："丈夫生不五鼎食，死则五鼎亨（烹）。"（《汉书·主父偃传》）这是"不能流芳

◎毛公鼎拓片

千古，亦当遗臭万年"的另一种表达。

由于鼎的主要用途是做饭，与人的生活关系密切，迁徙时都要重点看护，因此被认为是国家的重要标志。传说大禹统一天下，铸造九鼎象征九州，以象征天下稳定。夏代的灭亡，九鼎传到商代，商代亡后，九鼎传到周朝。这叫"鼎革"，也就是"革命"的意思。南方的楚国强盛起来后，便瞧不起周天子，有一次楚庄王来到周天子的疆域，问九鼎的轻重。周大夫王孙满说："统一天下靠的是德，不是鼎，现在周德虽衰，但是天命未改，鼎的轻重不是你有资格问的。"楚庄王惭愧而退。后来用"问鼎"来表示觊觎之心。

"鼎"在中国人心中具有神圣的象征，民国时期一群读书人还商量要给蒋中正上九鼎，当然是"国师"的思想作祟。现在有些人还会把鼎的模型放在办公室，一则图个稳定，再则难免也有点一言九鼎的寓意。

食指

　　五指的命名，"拇指"因为最粗壮，故名"母"，与之相对的自然是"小指"，"中指"在五指之中，"无名指"则不为之命名。关于"食指"的命名似乎没人说过，大概与吃东西有关，古人吃饭直接用手抓，抓起来就吃，不能捏成团，吃完后还要用手抹抹嘴角附近，省的粘上饭，不雅观。这时候食指最重要。汉朝人称食指为"唼（shà）盐指"（服虔说），也就是用它来蘸盐。到现在小孩子吃手，通常吃的是食指。丰子恺说："秽物、毒物、烈物，他接触的机会最多；刀伤、烫伤、轧伤、咬伤，他消受的机会最多。"（《手指》）但尝东西也是它，谁用中指去试探东西吃呢？

　　春秋时期，郑国的子公（公子宋）和子家去见国君郑灵公，路上，子公的食指动了一下，其实就是正常的神经痉挛，他却说，以前我食指动的时候，肯定会有好吃的。碰巧他们见国君的时候，郑灵公正要吃一只大鼋。子公与子家相视而笑。郑灵公不解，子家就把这件事告诉了他。但郑灵公有意羞辱一下子公，因此将此鼋遍分诸大夫，偏偏不分给子公，让他的预言失效。子公很生气，就"染指于鼎，尝之而出"（《左传·宣公四年》），将食指在鼎中一蘸，吮吸了一下，出去了。后来子公为这事杀了郑灵公。这就是"染指"一词的由来，意思是做分外之事。"染指"而尝，肯定是用食指。

除了"染指"，子公还给我们留下了一个"食指大动"的成语，就是表示馋嘴。《射雕英雄传》中北丐洪七公，号称"九指神丐"，就是因为贪吃误事，乃自断其右手食指，也是为了戒掉馋嘴的毛病，可惜没戒成。其实食指在五指中的作用很大，《射雕英雄传》并没有说洪七公是左撇子，如果他有右手的食指，打狗棒法的"挑"字诀会更有威力。而在轩辕台黄蓉打杨康的一招"獒口夺杖"，"右手食中二指候取他的双目，同时左足翻起，已将竹杖压住"，这一招洪七公是使不出来的，因为他右手没有食指。

一日两餐

上古已经有了三餐，但一般人还是两餐，第一顿饭叫朝食，又叫饔，《说文·食部》："饔，孰食也。"时间是辰时，也叫食时，大约在七点至九点。《左传·成公二年》，齐晋鞌之战，齐侯说："余姑翦灭此而朝食！"意思是晋军不禁一打，待消灭了他们也误不了"朝食"。第二顿饭叫餔食，又叫飧，时间在申时，也叫晡时，大约十五点至十七点，后来造了专门表示吃饭的"餔"字，《说文·食部》："餔，申时食也。"餔食一般是把朝食剩下的饭热一热吃。《孟子·滕文公上》："贤者与民并耕而食，饔飧而治。"就是这么回事。我们说"吃了上顿没下顿"就是两餐的标准，古人叫"饔飧不继"。农人因为劳作辛苦，会有加餐，给田间耕作的人送饭叫"馌"，也就是《诗经·豳风·七月》所说的："同我妇子，馌（yè）彼南亩。"（与老婆孩子约好，把饭送到田里）因为给农人送饭一般是在中午，因此在这个基础上造了"晌"字表示中午。"饷"因为引申出赠送的意思，因此有军饷、粮饷的说法。

在古汉语中看到"三餐"的字样，未必是现在的一日三

◎庖厨图 山东省嘉祥县满硐乡宋山出土东汉画像石

餐,《说文·夂部》:"餐,吞也。""餐"是吞咽的意思。《诗经·郑风·狡童》:"彼狡童兮,不与我言兮。维子之故,使我不能餐兮。"(那个坏男孩儿啊,不和我说话。因为你啊,使我食不下咽)《庄子·逍遥游》:"适莽苍者,三餐而反,腹犹果然。"意思是到郊外的人,吃三口饭,回来的时候还是饱的。意思是路程短。古代的礼节,吃饭吃三口就要停下来,说饱了。需要主人劝,才能再吃。《吴越春秋》载,伍子胥逃命的时候,在溧阳看到一个女子在河边漂丝絮,旁边的竹筥中有饭,他说:"夫人,可得一餐乎?"用现在的话说就是,能否给口饭吃。女子见他不是寻常之人,就把饭给他吃,"子胥再餐而止",可见一餐就是吃一口,不然伍子胥不可能在那里吃两顿饭。那他为什么不三餐,而是吃了两口呢?这显示了伍子胥的拘谨和被追杀的紧张。

烤肉的味道

　　《说文·火部》："炮（páo），毛炙肉也。"就是把带毛的肉用泥裹起来，放在火上烤。《诗经·小雅·瓠叶》："有兔斯首，炮之燔之。"就是把白头的兔子裹上泥，放到火上烧烤，类似于"叫花鸡"的做法。《射雕英雄传》载，黄蓉"用峨嵋钢刺剖了公鸡肚子，将内脏洗剥干净，却不拔毛，用水和了一团泥裹住鸡外，生火烤了起来。烤得一会儿，泥中透出甜香，待得湿泥干透，剥去干泥，鸡毛随泥而落，鸡肉白嫩，浓香扑鼻"，就是这种做法。把食物放在锅里炒也叫"炮"，在药物学上读作（páo），如"炮制"。在食品上读作（bào），如"葱爆羊肉"的"爆"，"锅包肉"的"包"，都应该写作"炮"。商纣王有炮烙之刑，即堆炭烧铜柱，让人在上面走，以致其栽倒落到火中被焚。本来作为兵器的炮写作"砲"，最初指的是石头，所以是"石"字旁，后来发明了火药，就假借"炮"来表示炮火的炮了。

　　炮也叫"炙"，上面一块"肉"（月）下面一个"火"，显然是烤肉的意思，《说文·火部》："炙，炮肉也。""有兔斯首，燔之炙之"的"燔"也是烤的意思。陆游的《社

◎庖厨图 山东临沂五里堡汉画像石

肉》："社日取社猪，燔炙香满村。"烤乳猪的香味全村都能
闻到。文学作品为人传颂叫"脍炙人口"，即像脍（细切
肉）、炙那样受欢迎。炙引申有烤的意思，如"炙手可热"，
形容人的权势熏天。再引申有熏陶之义，受到某人的熏陶，
可以称为"亲炙"。

　　"烤"这个字出现较晚，以前写作"燺""熇"。《燕山
夜话》载，民国时期，齐白石给宣武门内大街"烤肉宛"题
写招牌"清真烤肉宛"，并注："诸书无烤字，应人所请，
自我作古。"齐白石说"烤"这个字古代的书中没有，是他
首创的。其实"烤"只是字典上没有，很多俗书如《别译
杂阿含经》《红楼梦》等都有"烤"字的。齐白石那样说，
或出于专业知识的欠缺，或故作大言欺人之语，当不得真。

狗肉小史

　　"然"字是个常用字，在现代汉语中是个虚词，但虚词并不是它的本义，而是假借义。"然"字上面的部分是"肰"（rán），是狗肉的意思，下面的"灬"是"火"的形变，金文作"燃"，就是以火烤狗肉之形，表示燃烧义。后来"然"字被假借用作虚词所以然的"然"，且使用率非常高。二来"然"字下面的"火"变成了"灬"，以至于字形上显示不出"火"的意思来，因此又给它加了个"火"的义符强化一下，变成了"燃"，以和"然"字区分。从"然"字的字形分析中，可以看到古人吃狗肉的习俗很普遍，不然不会反映到文字上。

　　《孟子·梁惠王上》说："鸡豚狗彘之畜，无失其时，七十者可以食肉矣。"可见狗肉是肉食的一种。贡献的"献"就和狗肉密切相关，《礼记·曲礼下》："犬曰羹献。"《说文·犬部》也说："献，宗庙犬名羹献，犬肥者以献。"为什么叫"羹献"呢？唐代的孔颖达认为狗吃人之"羹余"，长肥后用以献祭，所以叫"羹献"（《礼记》注疏）。但清代段玉裁不这样理解，他说"羹"应该读作"良"，是

◎杀狗　山东省嘉祥县宋山小石祠西壁东汉画像石

良献的意思。狗吃人剩的东西，再把狗肉祭祀鬼神这就是不敬，因此段玉裁认为"羹"当是"良"，即好的祭品。我们看"献"甲骨文作𤖕，金文作𤘁，很显然是"犬"和"鼎"的组合，"羹献"大概是将犬作为羹而进献之义。由祭祀进献引申有奉献之义。

汉代之前，食狗肉之风大盛，荆轲的朋友就有狗屠，樊哙、刘秀也当过狗屠，可见是一份很普及的职业，后世用作下士怀才的代称。三国以后，佛教的兴起，使吃狗肉的风气不再兴盛。王力先生说得直接，就是因为狗吃屎了，人就不吃狗肉了。也就是说人们逐渐有了卫生意识，从郑玄的注中隐约也可以看到这种苗头。后来的唐代大一统，长期控制北方大面积的草原，牛、羊等肉食非常丰富，也是狗肉掉价的原因，以至于出现了"挂羊头卖狗肉"的成语。宋徽宗还因为自己属狗，禁止天下吃狗肉（《曲洧旧闻》）。以至于形成了"狗肉不上席"的禁忌。

吃饭的礼节

　　小时候大人教我们，饭前洗手，吃饭不要吧唧嘴，不管吃什么都不要连着三口吃同样的东西，这都是没出息的表现。这都是古礼的遗存。古代吃饭用手，所以要保持手的清洁，《礼记·曲礼上》："共饭不泽手。"指的是与人共享食器时手要干净，不要临时搓手，省得让人恶心。抓起来的饭不能团成团，抓取的饭也不能再放回食器中，而是要放在旁边预备的器皿中。饭放在口中，不能多，不要让腮帮子鼓起一个包（"毋为口容"）。不要专挑一样来吃，饭也不要晃动使之凉下来。汤要小口饮啜，而不是大口喝。吃饭时不要发出"咤咤"的声音（"毋咤食"），不要咬嚼骨头。不要自己往羹中加调料，更不要把骨头扔给狗，一旦那样做了，就是嫌主人做得不好。吃枣、桃、李等食物的时候，不要把核扔在地上。

　　在中国，吃饭是一种礼节，而不仅是要去吃饱。做客吃饭吃三口就要停下来，说饱了（"三餐告饱"）。需要主人劝，才能再吃。这就是《礼记》中贵族的修养，即"共食不饱"（《礼记·曲礼上》）、"食于人不饱"（《玉藻》）。但现实中未必这样，因为吃三口谁都吃不饱。楚灵王好细腰，臣子们纷纷效法，每次"三饭"，一年后，饿死了一大批。因此有九饭、十一饭、十二饭的记载。吃完"三饭"后，主人会继续引导客人吃肉，并依次吃其他食物，一直到吃饱，行飧礼，"飧"是水泡饭，即吃三口水泡饭。吃完饭后，宾客还要再吃几口，表示赞美主人，"主人辞以疏"（《玉藻》），主人谦虚说饭做得很粗疏。客人的饭菜，吃不完可以带走，或者由主人派人送去。

在中国，吃饭的重点不在饭，而是一种交流，显示一个人的素养。一顿饭能看出一个人的一切。不仅仅是形式上让座、夹菜之类的小礼让，而是出身、教养等一切都体现在里面了。古人说"三代人学会吃穿"，曹丕《与群臣论被服书》："三世长者知被服，五世长者知饮食。"就是这个道理。

酱料

上古没有现代的烹饪技术，西周之前，制作菜肴主要是水煮盐拌，后来发明了调料——酱。《周礼》记载，酱有百余种，用以佐食。孔子说："不得其酱，不食。"（《论语·乡党》）酱包括"醢"（hǎi）和"醯"（xī）。"醢"是肉酱，把肉晒干，捣碎，用酒曲拌匀，装进容器中，封存百余日而成。"醯"就是醋，把山西人叫"老醯儿"，就是这个字。此外，还有一些腌制的菜，"菹"（zū）是以醋腌菜，咸菜的酱黄瓜、泡菜之类都是这一类。如《诗经·小雅·信南山》"疆场有瓜，是剥是菹"（田边种着瓜，拿来切开做成腌菜）。"齑"（jī）就是把"菹"切细剁碎，所以有"齑粉"一词。"齑"从"韭"，可见韭菜也是可以作"菹"的。五代的杨凝式，一觉醒来，有人送了一些韭花酱，"助其肥羜，实谓珍羞"（做小肥羊的蘸料，实在美味），于是写了几句话表示感谢，就是著名的《韭花帖》。"菹""醢"都是把菜、肉等剁碎，因此也用作刑罚之名，就是把人剁为肉酱。《汉书·刑法志》："枭其首，菹其骨肉于市。"子路在卫国牺牲，孔子问："子路怎么样了？"学生回答："被醢了。"孔子当时正在吃饭，旁边有醢，于是就把醢反扣过来，不吃了。因为这会让他想起子路。

"菹""醢"放在瓿（bù）中，瓿是一种圆口深腹的小瓮。汉代扬雄著《太玄》《法言》，刘歆说，现在的学者都崇尚利禄，你的这些书没人看的，恐怕后人用它来盖酱瓿（《汉书·扬雄传》）。因此，古人将"覆瓿"一词用作对自己著作的谦称。《北史·房陵王传》载，隋文帝赐给当时的太子杨勇一盒菹酱，说，恐怕你今日做了太子，就忘了自己的初心，因此把它赐给你，让你记着以前的事。"若存忆前事，应知我心。"在外面的人，想念家里的食物，很多就是家里腌菜的味道，那里面承载着许多别人无法参与的回忆。

做酱行业供奉蔡邕（谐音"菜佣"）、颜真卿（鲁郡开国公爵，被称为"颜鲁公"，"颜鲁"谐音"盐卤"），后来有供奉汉高祖刘邦者，因为韩信说刘邦"不能将兵，而善将将"，"将将"谐音"将酱"，也就是善于做酱。封神后的蔡邕、颜真卿、刘邦知道了不知做何感想。这真应了那句话，名人是用来消费的。

一壶浊酒

酒的起源很早，商纣王就酗酒，后世说他为"酒池肉林""长夜之饮"。武王灭商后，周公作《酒诰》，告诫即将去驻守故商墟的弟弟康叔，是最早的禁酒令。"酒"本字作"酉"，甲骨文作![甲骨文]，就是个酒坛子的形状。与"酉"相关的字除了饮品之外，就是调料。"饮"的异体字"歙"的甲骨文作![甲骨文]，像一个人伸着舌头对着酒坛子饮酒的样子。"医"繁体字作"醫"，从"酉"，因为酒就是用来辅助治疗的，今天的医院还在用酒精消毒。长沙马王堆出土辛追夫人的棺液中就含有大量的酒精，有保护尸身的作用。现在的常用词"酝酿""斟酌""醒""奠"等，都与酒有关，可见"酒"和我们的关系密切。

酒在没有过滤之前叫"醪"，也叫"糟"，就是酒与渣滓混在一起，尚未分开，现在南方还有"醪糟"。过滤出去的东西叫"粕"，后来把过滤出的渣滓也叫"糟"，因此"糟粕"就成了垃圾的代名词。滤酒叫"酾"（shī、shāi），专门的工具叫酒筹（chōu），后"酾"引申有斟酒之义，苏轼说曹操"酾酒临江，横槊赋诗"（《前赤壁赋》），《水浒传》多用"筛酒"，也是这个意思。酒未滤时，上面会浮起微绿色的泡沫，其细如蚁，称为"绿蚁"，因此"绿蚁"也是新酒的代称。滤酒也叫"醅"（pēi），白居易问朋友："绿蚁新醅酒，红泥小火炉。晚来天欲雪，能饮一杯无？"（《问刘十九》）这样温情的邀约，谁能拒绝呢？

滤酒本有专门的工具，如果一时不凑手，可以用头上的葛巾。比如陶渊明用头巾滤酒，滤完又戴上。赶上那个时代的名士又懒，常常三五个月不洗头，这酒可怎么喝？但名士都是落落拓拓，有洁癖成不了名士。自己做的酒，即使过滤了，也有点浑浊，所以常常说"浊酒"。"浊酒一杯家万里""一壶浊酒喜相逢""一壶浊酒尽余欢"……这一杯杯的浊酒中，不知寄托了多少没有实现的愿望和已经破碎的梦想！

"醇"的意思是"不浇酒"，不兑水就是"醇"，醇酒就是美酒。说一个人厚道叫"醇朴"，后来在这个意义上，用"淳"代替了"醇"，现在"甲醇""乙醇"还在用这个字。酒兑水就薄，古人请客，谦虚地说"略备薄酒"，宋代有词牌"薄薄酒"，反映的大都是安贫乐道之义。但现在的很多酒就是乙醇掺水勾兑的，实质就是"薄酒"，也叫"醨"，"世道浇醨"（今作"漓"）就是社会风气浮薄淡漠，这个成语正可以送给那些无良的酒商。便如《儒林外史》中邹吉甫所言："而今人情薄了，这米做出来的酒汁都是薄的。"

唯酒无量

饮酒之礼：酒宴开始，主人先饮，叫"献"，隐含的意思是这酒安全；双方饮过之后，客人回敬主人，叫"酢"；之后，主人举杯再饮，叫"酬"，这时客放下杯不饮酒。因此后世有"应酬""酬谢"这些词。这段时间，属于行礼，大家不交谈。其后，大家拿起酒杯，开始互相敬酒，叫"旅酬"，"旅"是众多的意思，也就是大家互敬酒。"旅酬"时可以交谈。现在酒桌上喝酒大约有一个规矩，大家一起共饮三杯，然后单独互敬，大概是这个风俗的遗留。

后世饮酒，常常醉倒，满地狼藉。这在古代是不允许的，"醉"字从"酉"从"卒"，是饮酒适量的意思，《说文·酉部》："醉，卒也，卒其度量，不至于乱也。"孔子说："唯酒无量，不及乱。"（《论语·乡党》）臣子与君主小宴，以三爵为度。《礼记·玉藻》说："君子之饮酒也，受一爵而色酒如（肃敬貌）也，二爵而言言斯（和敬貌），礼已三爵，而油油（悦敬貌）以退。"这是君子的时代，大家会约束自己。古代的酒，提纯的水平不高，因此酒精浓度很低，再加上古代跪拜之礼很多，如在献、酢、酬的过程中就有取爵、洗爵、辞降、辞洗、奠爵、执爵等细节，并伴随着宾主礼拜，大大增加了饮酒的时间缓冲，因此有"终日饮酒而不得醉"（《礼记·乐记》）的现象。

但古代的礼节，仅仅是个理想状态，很少有人绝对遵守。喝酒之后，神经麻痹，身体对痛觉的感受度降低，对其余的感受相对被放大，所以容易兴奋，这大概是人会贪杯的原因。因此，李白一斗诗百篇，是兴奋的结果。《兰亭序》写得好，也是喝酒的原因。古龙在《边城浪子》中说，生命中本来没多大乐趣，然而，"几杯酒下肚后，这世界立刻就变得美丽多了"。一个人饭量大，不值得夸耀，但酒量大，似乎是很光彩的事情。以前的"饭店""宾馆"现在多改为"酒店"，大概就是反映了这个道理。

"酒"这个东西，在中国文化中是一个矛盾统一体，可以敬，可以罚，还可以用"敬"的方式"罚"。多喝，说你酒鬼；不喝，说你不识抬举；有节制地喝，说你不实在。充分展现了中国人情文化的复杂性，其实这也是人生的多面性。俗话说"酒品见人品"，大概就是这个道理。

论杯

　　《笑傲江湖》中有一章叫"论杯"，祖千秋与令狐冲在船上谈论酒杯，玉杯增酒之色，犀角杯增酒之香，高粱酒须用青铜爵始有古意，米酒当用大斗饮之方显气概，葡萄酒用夜光杯，百草酒用古藤杯，梨花酒用翡翠杯，绍兴状元红用古瓷杯。千秋高论，令人神往。

　　饮酒的器皿叫"爵"，甲骨文作 ，金文作 ，是象形字。之所以叫"爵"，因为它的形状像"雀"（"雀""爵"古音同）。爵近人口的地方有两个凸起的铜柱，饮酒时正好卡住鼻梁，作用是防止饮酒过量。古代君主赐臣子官位时，常常给予爵及其他器皿，因此"爵"引申有爵位之义。饮器还有"尊"，甲骨文作 ，是两只手捧着一个酒的形象，后写作"樽"。由于敬酒有尊卑之序，因此引申为尊敬之义。

　　"斗"是带柄的盛酒器，后引申为酒杯，鸿门宴中，刘邦带给范增的礼物就是"玉斗"一双。樊哙闯帐，项羽赐他酒一斗，相当于一杯。杜甫《饮中八仙歌》说："李白一斗诗百篇。"这个"斗"指的是酒杯，而不是升斗的斗，所

◎ 爵

以"斗酒"量并不大。同一诗中"汝阳三斗始朝天""张旭三杯草圣传""焦遂五斗方卓然",都比李白喝得多。若误会为升斗的"斗",则一斗十几斤,早灌死了!勺和斗一样,是用来舀酒的器皿,"酌"从"勺",就是把酒盛到杯中让人饮。"斟"从"斗",也是用勺舀酒。"斟酌"放到一起成为仔细思考的意思。犀角杯叫"觥",觥量大,用以罚酒。古代饮酒有投壶之戏,投不中者罚酒,叫"觥筹交错","筹"是用来投壶的竹签。

古代的"杯"与椭圆小碗相似,有耳,用来盛羹或酒等流食,长沙马王堆出土的漆耳杯有的写着"君幸食""君幸酒"字样,就是请您食用、饮用的意思。刘邦要和项羽"分一杯羹",可见杯最早不只是盛酒的,酒杯的意思是后来产生的。

美食美器,最重要的还是要碰到知音,不然祖千秋的古藤杯让桃根仙生生吃了一个,岂不是对牛弹琴明珠暗投了!

筷子

　　筷子古代叫"箸"，也叫"梜"。筷子历史悠久，商纣王就做过象牙箸。但先秦时代吃饭很少用筷子，一般是直接用手抓，所以要保持手的清洁，《礼记·曲礼上》云："共饭不泽手。"指的是与人共享食器时手要干净，不要临时搓手，让人不适。只有羹里有菜交横时，才用筷子夹起来，不然不好吞咽。《曲礼上》云："羹之有菜者用梜。"没菜的时候直接喝下去就可以。此外，大块的肉也需要筷子，汉景帝曾赐周亚夫饭，桌案上放着大块的肉，但故意没有筷子，以为试探。周亚夫心中不高兴，便向安排酒席的人要筷子。吃完饭后，景帝看着周亚夫远去的背影说："此怏怏者非少主臣也"（"这个心有不足的人怎么能辅佐下一代皇帝呢？"）这个故事说明，筷子并不是主要的用餐器具，景帝只是用一个细节来考验周亚夫的忠心而已。不久，周亚夫下狱而死。

　　如果羹里是肉，则当用匕，盛黍（小米）也用匕，"饭黍毋以箸"（《礼记·曲礼上》）。"匕"甲骨文作 ，是个象形字，是一种长柄的浅勺，用来取食。随着烹饪技术的变

◎宴饮 四川省新都马家乡出土东汉画像砖

动，"匕"逐渐退出了历史舞台，或者演变成了勺子。"匙"
也是一种"匕"，现在的小勺也依然叫"汤匙"。匕的末端
是尖的，在这个意义上引申出"匕首"的意思。《三国志》
载，曹操刘备煮酒论英雄，曹操说："今天下英雄，唯使君
与操耳。"刘备正在吃饭，吓得"失匕箸"（《蜀书·先主
传》），就是他的"匕"和"箸"都掉了。后世只传说他的
筷子掉了，是因为大家不知道"匕"是什么了。

　　据说箸改称"筷子"，是水乡的风俗，因为他们行船忌
讳"住"（箸），而反其义改为"快"（筷）。现在冀中方言
用筷子挑起大量的面条，叫"一箸子"，这个短语中还残存
着古汉语的遗迹，其他情况下都叫"筷子"了。

讨厌

古代既有"衣食足则知荣辱"（《管子·牧民》）之说，又有"饥寒至身，不顾廉耻"（晁错《论贵粟疏》）之论，加上各种天灾人祸，使得中华民族多灾多难，吃饭这个问题困扰了中国人几千年，以至于见面之后最好的寒暄就是"吃了吗"。"吃"这个词的意义非常丰富，比如"吃亏"（忍受）、"吃力"（耗费）、下棋的"吃子"（消灭）、"吃我一刀"（挨受），说人有见识叫"吃过见过"，因为中国人真是被饿怕了。

现代汉语中"饥饿"是个并列结构，在古代汉语中"饥"指的是现代汉语"饿"的意思，"饿"指的是快要饿死了，二者程度不同。比如成语"饥肠辘辘""饥不择食"指的是"饥饿"；而"饿殍遍地"指的则是地上到处是饿死在路上的人。二者区别明显，是不能替换的。"饿死鬼"肯定不是"饥死鬼"，"饥"是死不了人的。《左传·宣公二年》，赵宣子出去狩猎，"见灵辄饿"，此时灵辄肯定是倒地不起，不然仅仅腹中饥饿，外人是看不出来的。《韩非子·饰邪》云："家有常业，虽饥不饿。""虽饥不饿"的意思是即使会暂时的饿肚子，但不会饿死。这句话充分表现了"饥"与"饿"的不同含义。

吃饱是"厌"，"厌"的小篆楷化字作"猒"，金文作𤲃，右边一只狗，左上凸显狗的嘴，左下是块肉（"月"）。后来用"厭"字替代，为了表示食物，就加上一个"食"旁作"饜（又作饜）"，后简化为"厌"。《孟子·离娄下》载，有个齐国人很穷，但每天"必厌酒肉而后反"，即吃得饱饱的回家。他的妻妾偷偷看他，原来他出去吃人家上坟剩下的食物。这个"厌"用的就是本义。"厌"从吃饱的意思上引申为满足义，如"饜足""贪得无厌""学而不厌"等。讨厌就是讨别人满足，满足之后还要，就要"厌烦""厌倦""厌弃"了，现在说讨厌一个人还会说"看见他就饱了"。饱得过分了，就是"饶"，因此引申有丰饶之义，又引申有饶恕之义。"旡"（jì）甲骨文作𣧑，是一个人吃饱饭后打着饱嗝走的样子，这个字就是打嗝的"嗝"。前面说过的既然的"既"从"旡"，表示吃完饭打着饱嗝走了，引申为"已经"的意思。

举案齐眉

　　古人吃饭时是分餐制，每人面前一个小案，根据等级不同放上不同的食物。战国时期，孟尝君待客一视同仁，人多归附他。有一次，晚上待客，他前面有人挡住了灯光，客人误以为自己和孟尝君吃的不一样，因此要辞去。孟尝君站起来端着自己的饭让客人看，结果一样，客人因羞愧自杀。"案"不会很重，其形制类似有脚的托盘。东汉名士梁鸿贫困，为人春米为生，但妻子孟光很敬重他，在他面前从不仰视，吃饭的时候，跪在地上"举案齐眉"，就是把案举得和自己的眉毛一样高，表示恭敬。后世用"举案齐眉"表示夫妇互敬互爱。吃饭时跪在筵席上，所以请人吃饭叫"摆筵席"。

　　唐代之后，高桌椅出现在人们的生活中，改变了中国人的坐姿，分餐也变成了合餐。合餐的桌子当然要比以前的案大且重，这时候任孟光"力能举石臼"，也不可能天天吃饭的时候练臂力了。在唐代的一些壁画上能看到，有些人是跪在高凳上的，有的人垂下一只脚。说明对新出现的坐具，大家还不习惯。后代有人觉得桌子举不动，便认

◎云纹漆案及餐具　湖南长沙马王堆汉墓出土

为"举案齐眉"的"案"应该是"碗","碗"的异体字是
"椀","椀"和"案"的区别只是左右结构和上下结构的区
别。这是以今绳古。

　　合餐制形成后,加上主人的客气,一定要给人夹菜,一
个筵席就成了王力先生所说的"津液交流"(《劝菜》)。尤
其是火锅,大家互相涮筷子,真是不敢多想。现在一般的饭
店备有公筷,但使用率并不高。中国人爱热闹,爱参与(或
控制)别人的生活,这是我们古老的文化,但这不是文明。

别来无恙

上古时，民人少而禽兽众，那时人穴居野处，就像孙悟空刚出生的时候，"与狼虫为伴，虎豹为群，獐鹿为友，猕猿为亲"，关注的是生存问题，大家见面问的不是"吃了吗？"而是"无它乎？""它"是蛇，甲骨文作🐍，小篆作🐍，仔细看还能看出一条眼镜蛇的形象。"无它乎？"意思就是没碰到蛇吧？当时还有一种咬人的虫子叫"恙"，因此见面会问"无恙乎？"现在还说"别来无恙"。英语中有个短语"Keep the wolf from the door"，意思是糊口、勉强度日，字面意思则是"把狼挡在了门外"，也反映了人与自然斗争的语言内涵。

《说文·穴部》："穴，土室也。"是穴居时代的特点。"窨""窑""空""窥""穿"等字都是穴居时代意识的遗留。后来大家觉得山崖下也可以避风雨，因此会住在下面，《说文·厂（hàn）部》："厂，山石之厓岩，人可居。"《广（yǎn）部》："广，因广为屋，象对刺高屋之形。"因此从"厂"从"广"的一些字和住处有关，如"厨""厕""府""库""庭""庇"等。随着生产力的提高，人类逐渐摆脱了自然的束缚，发明了房舍。《周易·系辞下》云："上古穴居而野处，后世圣人易之以宫室。"其实宫室是劳动人民生活经验的总结。甲骨文∩，小篆作∩，是房舍外围的轮廓，楷书中不再是一个独立的字形，而变成了一个部件"宀"（mián），也就是现在所说的"宝盖头儿"。因此，和"宀"有关的字大都和房子有关，如"家""宅""室""宿""寓"等。以前的民居都叫"宫"，"宫"甲骨文作㚔，就是一个房子，前后两个窗户。后来词义范围缩小，专指帝王居所。《列女传》载，卫灵公与夫人夜坐，能听到大路上的车声，说明古代的宫室也是很简陋的。北京的紫禁城，就是在太和殿也听不到午门外的车声，可见一代一代的踵事增华。

现在我们的居住条件大大改善，不用担心蛇和羔了，但对住处的担心却没有减轻，大家见面往往问："买房了没？"房子本来是人类居住的最基本的条件之一，但近二十年却成了昂贵的商品，让人谈之色变，也是人类历史上的怪现状，比"它""羔"还有那个"wolf"更狠啊！

宫室

　　居所叫"室"，室的西南角叫"奥"，"奥"也是"宀"部，西南角弯曲，因此有"奥秘"之说。"奥"是室中最尊贵之处，也是设卧席的地方。室的西北角叫"屋漏"，这里有"向"，即北出的窗，光线这里漏入，因此叫"屋漏"。室的东北角叫"宧"，这里是吃饭的地方，所以"宧"是"养"的意思。"颐养天年"的"颐"本来应该写作"宧"，作"颐"是文字的假借。室的东南角叫"窔"，幽深的意思。屋子中央是灶，繁体字作"竈"，"穴"字旁，是穴居时代的遗留。此外，在屋顶打孔以散烟，这个孔叫"囱"。"囱"后来产生了职能的分化，其一是指称烟囱，其二发展为"窗"，也就是天窗。"灶"是一家的中心，古人说："灶灭其火，惟家之祸。"（扬雄《太玄经》）

　　"窗"在屋顶，是朝上开的，我们现在所谓的窗户，古代叫"牖"。如果再细分，向南的窗户叫"牖"，向北的窗户叫"向"。"向"字甲骨文作𡪄，"宀"下面一个窗户，是𡪄（宫）字的一部分。古代不能进入别人的内室，孔子的弟子冉伯牛生病了，孔子去慰问，"自牖执其手"（《论语·雍也》），就是孔子从南窗伸进手去握住伯牛的手，因为西南角是设卧席的地方。一个人一辈子不能出去做大事，叫"老死牖下"，亦即死在卧室。《诗经·豳风·七月》："塞向墐户。"说的是冬天来了大家把窗和门都堵严实，以免寒冷。

现代汉语的"窗户"实际上是个偏义复词，只是窗，而不指"户"，室门叫"户"，户的转轴叫"枢"，成语"户枢不蠹"，因为枢一直被用，所以不会生蠹虫。贾谊在《过秦论》中说陈涉是"瓮牖绳枢之子"，指的是以破瓮作窗，以绳作门枢，说明他的贫穷。因此才有"苟富贵，无相忘"的理想。

傅说举于版筑之间

建筑的"筑"，繁体字作"築"，从"木"，与木材有关。古代建筑，两侧竖起长板，长板的两头也用木板封起，将土放在两排木板中，然后用"筑"来夯实，撤掉板后就形成了一堵墙。一版用完，再往上加高，所以建筑又叫"版（板）筑"。《孟子·告子下》载，"傅说举于版筑之间"，也就是傅说出身于建筑工。建筑用的板，也叫"栽"，也就是直立的意思，后代的栽树，就是直立这个意思的引申。两侧的板叫"干"，两头的板叫"桢"，由于桢、干在建筑中的重要性，引申为有决定作用的人物，如"桢干之臣"。

建筑主要用土和木，因此叫"大兴土木"。古代也有砖，但其作用是装饰，如墁地或镶边。表示墙的字如"壁""垣""堵""墉"都是"土"字旁。古代的墙很厚，齐国临淄故城城墙厚达三十米，西汉时期长乐宫宫墙厚达二十多米，现存的西安明代古城墙，高十二米，顶宽十五米。土制的城墙，时间久了，土壤颗粒粘连成整体，会越来越结实。三十年前，华北农村打坯还是用这种夯筑的方式，先用木框框好四周，中间放入湿土，最后用石捣夯实。

◎傅说（明朱天然《历代古人像赞》）

每一块坯有十几斤，用以盖房子，墙壁很厚，冬暖夏凉。

墙体建好后，要进一步装修，把泥墙抹平的工具叫"圬"（同"杇"）或"墁"，相当于现在的泥镘（俗名"泥板"）。孔子骂白天睡觉的宰予"粪土之墙，不可杇也"（《论语·公冶长》），就是糟糕的墙面，没必要抹平并装修了。抹平之后，墙上会抹上涂料，或画上各种花纹，春秋时期晋灵公"厚敛以雕墙"，就是通过征收赋税，来满足自己的房屋装饰。汉代的皇后居所，用花椒和泥涂墙壁，取其温和芳香，同时也象征多子，称为"椒房"。如果有丧事，则要住在垩室，"垩"是一种白色的土，垩室就是用白垩涂饰的房子。

韩愈在《圬者王承福传》中说："圬之为技，贱且劳者也。"尽管如此，这其中也有得道者。《庄子·徐无鬼》载，郢人仰面涂墙的时候，鼻尖上不小心染了一点白垩，他的石匠朋友看都不看，用锛子朝他的脸上斫去，斫掉了白垩，而郢人一点也不紧张。这个动作完全是金庸小说中绝顶高手的手法。后用"郢人斫垩"来表示技艺高超。

庭院深深

古代朝廷的样子，在传统的农村大院中还可以见到痕迹。进门之前有一个照壁，到了照壁处，臣子要整肃衣冠，因此这个照壁叫"萧墙"（古"肃"与"萧"同音），就是让人严肃的墙，因为看到这个墙就是要到朝廷里了。所以"祸起萧墙"，指的是宫廷内部的斗争。

门的上方有楣，就是正门上方门框上部的横梁，因为如同眉毛的位置，所以叫"楣"。门楣是木制的，上面有门簪，门簪本来是起固定作用的构件，后来成了装饰，用正六边形方木或圆木镶嵌，根据不同官阶等级镶嵌不同的数目。普通百姓是不能装饰门楣的，所以有"光耀门楣"之说。大门旁的小门叫"合"（后假借作"阁"），大门是朝南的，"阁"朝东或朝西开，称人为"阁下"，意思是不敢指称正门，而谓旁门。门两侧的房子叫"塾"，有点像现在的传达室，"塾"的得名是臣见君至此当"熟"思其事。这个地方可供人读书，因此有"家塾""私塾"的说法。

天子五重门（皋、库、雉、应、路），诸侯三重门（库、雉、路），这些门将院落划分成不同的几部分，这些

◎庭院 山东曲阜旧县村出图汉画像石

部分分为外朝（天子在皋、应之间，诸侯在库、雉之间，面
对百姓）、中朝（天子在应、路之间，诸侯在雉、路之间，
每日办公之地）、内朝（路门内，处理宗族事务之地）。《左
传·宣公二年》载，士季进谏晋灵公，晋灵公不听，士季在
后面追，"三进及溜，而后视之"，就是从外朝直追到内朝，
又追到路寝的屋檐下。后代的深宅大院分为几进，就是这
种制度的遗留。朝中的空地叫"廷"，这个"廷"用于普通
的居所就是"庭"。廷的中间有一条路，这条路叫"陈"，
仆人或臣子站在这条路的两旁。《战国策·齐策》说齐
国"美人充下陈"，美人就是站在这个地方。早晨名"朝"
（zhāo），因此这个时候工作也叫朝（cháo），所以叫"朝
廷"。宾主相见，分站在庭的两边，相对行礼，叫"分庭抗
礼"，体现宾主彼此对等的关系。

小心台阶

由廷上堂，要通过阶，阶也叫"陛"，君主的台阶会用红色的涂料涂抹，叫"丹墀"。台阶之下会有好多听用之人，有事情报告君主，首先要通过他们，因此尊称君主为"陛下"，是不敢直斥之义。古代晋见君主叫"陛见"，指的是跪在台阶下。

阶也叫除，《朱子治家格言》中有"黎明即起，洒扫庭除"之训。"级"本来是丝的次第，引申为台阶的次第，上台阶称为拾级而上。古人上台阶，一只脚踏上一级台阶，后面的脚跟上去，与前脚并拢，这叫"拾级聚足，连步以上"（《礼记·曲礼上》），下来的时候也是这个样子。如果一只脚踏上第一层台阶，另一只脚接着跨上第二层，叫"历阶"。下来的时候如果后脚跟前脚，叫"走阶"。都是不符合规矩的失礼行为。战国时期，平原君带领门客去游说楚考烈王救赵，双方交谈半日，不能决。这时毛遂"按剑历阶而上"（《史记·平原君虞卿列传》），冒着生命危险，以自己的勇气说服了楚王。《公羊传》载，晋灵公谋杀大臣赵盾，赵盾"辵阶而走"，生死攸关，便顾不得礼节了。

阶分为东阶和西阶，东阶为主人阶，西阶为客阶，表示尊贵。东阶也叫阼阶，因为像饮酒时主人"酬酢"，所以主人登阼阶，后来指称登上王位叫"践阼"，即登上主人的台阶，后变为"践祚"以神化之。战国时期，魏公子无忌拯救了赵国，赵王为了表示感谢，亲自打扫台阶，迎接魏公子，并引导他走西阶，公子谦逊，一定要走东阶。赵王的这个动作叫"扫除"，"除"就是宫殿的台阶。"扫除"本来是一个动宾结构短语，现代汉语中的"扫除"只有"扫"的意思了，成了一个偏义复词。因此，古人表示客气，有"扫阶相迎"的说法。《长恨歌》云："西宫南苑多秋草，宫叶满阶红不扫。"不单指客观的荒凉，言外之意是这里很久没来过人了，说明做太上皇的唐玄宗处境的无奈与凄凉。

登堂入室

　　堂是办公场所，相当于现在的客厅，现在北方把外间屋叫"堂屋"，就是这个意思的遗留。堂的南面没有墙，用楹支撑，楹柱下面的石头叫"础"，之所以用石头，是因为如果木制的楹柱直接接触土壤，容易腐朽。如果"础"上出现水滴，就说明天要下雨了，这就是古人所说的"础润而雨"。墙的底部叫"基"，《说文·土部》："基，墙始也。""基""础"所处的地位相似，因此后世以"基础"组合成一个双音词。堂周边的建筑叫"庑"，类似于廊。现在饭店所谓"雅间"的"雅"，本字应该是"庑"（"雅""庑"古音近）字，也就是有别于大厅的单间，并不是高雅房间的意思。堂后是室，室是休息的场所。所以说"登堂入室"。堂与室之间有"户"，"户"的小篆作戸，是门（門）的一半，有别于大门。"足不出户"的"户"指的就是这里。

　　"室"是休息、睡觉的地方。"宿"甲骨文作𥧄，是屋里有人睡在一张席子上。"梦"（夢）甲骨文作𡕩，人躺在床上，睁着大眼睛，比喻梦中能看见东西。"寐"金文作𡨈，是一个人在床上睡着了，"未"是它的声音。——这些字都是"宀"旁，都是在屋里。君主的居所叫"寝"，这个词现在还在用，"寝"是个形声字，但在构形中依然保留了那张床。天子有六寝，一为路寝，也叫正寝，其余五个为小寝，也叫燕寝。燕寝在正寝之后，正寝用于办公，相当于内朝的扩展。燕寝用于休息。六寝之北即六宫，为王后群妃之所，即后世所说的"六宫粉黛"的居所。她们侍寝时要到燕寝，一直到清朝都是这个样子。所以现在流行的清宫戏，皇帝到某后宫去过夜，是不符合常识的。有个词叫"寿终正寝"，就是指死在工作岗位上，死得其所。如果"薨于小寝"，就会被人讥笑贪图安逸，当然如果死在别处，则属于不得其死了。

堂下是仆人行动的场所，君主一般不到堂下，因此有"糟糠之妻不下堂"的说法，不下堂，就是不能走到堂下做奴仆的工作，这是对妻子的尊重。内室门有"闺"，是一种上圆下方像圭形的小门，这种门比较靠里，因此有"深闺"之说。上文所说的"合"（"阁"）也指称宫室的小门，因此有"闺阁"一词。糟糠之妻都不下堂，未婚女子更是大门不出，二门不迈了，所以叫"闺女"，即闺中之女。

官本位

　　最近《清平乐》热播，让大家熟悉了皇帝的一个尊称"官家"，这源于汉代《韩氏易传》："五帝官天下，三王家天下，家以传子，官以传贤。"理解这句话需要知道"官"的本义，"官"甲骨文作🔲，从"宀"从"阜"，是一个大屋子的样子，本是馆舍的"馆"的本字。因此，这句话的意思是五帝时代天下就像馆舍，住过后，不占有，传给贤者；三王时代天下就像家庭，父亲传给儿子。"官天下"即以天下为官（馆），"家天下"即以天下为家，"官"和"家"在这里都用作动词，"官家"是并列结构，指的是既官天下又家天下，而不是做官之家。

　　后来"官"的本义被"馆"所取代，后世主要用其引申义。在馆舍中做事称为"官"，就像"政府"本来是行政之处，民众见到执法者也叫"政府"一样。"官"这个词的历史和中国历史一样复杂，首先，它指称政府，如官府、官衙、官吏、官员等。政府职能是管理，因此"官"引申有管理、操控的意思，如官司、器官、官能，其中的"官"都是操控的意思。政府管理民众，要有公信力，因此"官"

引申有标准的意思，如官话、官价等。历史上，官也是权势的象征，因此也是趋利者的追求。"官本位"一直是中国人的标准，即以官位的高低判断一个人的价值。古代妇女把丈夫称为"官人"，小孩子小时候被人称为"某官"，人的字号称作"官名"，就反映了当时普遍的心理。当然，好处不可能让"官"全占了，语言中对他们的负面行为也有反映，如官派、官僚、官样、官气，这些词都是虚伪的代名词。

现在是民主社会，"官"成了一个历史词，这个词或者这个语素应该消失了，没必要人为地让它们"诈尸"再回到我们的语言中。但近年来"官方"一词非常活跃，如官方微博、官方网站、官方宣传，这里对"官"的预设是正确的、有说服力的意思。但语素义的确立是语言使用中的问题，不以任何人的意志而改变，比如"他的回答很官方"，其中的"官方"就含有中规中矩或模棱两可的意思。从长远看，"官方"一词是否会像"官派""官僚""官样"等词一样，含有贬义，那完全看社会选择了。

夫唱妇随

男女有别，从一生下来就有显示，《诗经·小雅·斯干》云："乃生男子，载寝之床，载衣之裳，载弄之璋。……乃生女子，载寝之地，载衣之裼，载弄之瓦。""璋"是诸侯所执的圭璧，"弄璋"寓意为成为王侯，是生男孩儿的代称。"瓦"为纺砖，"弄瓦"寓意为妇道，是生女孩儿的代称。古人解释说"男，任也"，男得名于"任"，就是担当责任。男子出生后三日，由人背出，以用桑木弓、蓬做的箭，射天地四方，以示志向远大。"女，如也"，女得名于"如"，也就是顺从，所以有"少如父教，嫁如夫命，老如子言"（《释名·释长幼》）的规矩，也就是"三从"。

"夫"甲骨文作夫，是一个人（大）头上戴着簪子的形象，也就是一个加冠的成年男子。"妻"甲骨文作妻，是一只手薅住了一个女人的头发，这并不是家暴，而是上古抢亲习俗的遗留。至于丈夫为什么叫"丈"，说法不同，有人说为了防备别人抢亲，要找个身高过丈的人作夫，因此叫"丈夫"。但周代一尺约二十三厘米，十尺为一丈是二百三十厘米，在现代也不好找。其实人长八尺，一百八十四厘米，约等于十尺，亦可以称为"丈夫"。《神雕侠侣》中的裘千尺说："丈夫丈夫，一丈之内才是夫。"那也是自己婚姻的不幸导致的一套变态哲学，并不是"丈夫"的真正含义。

"妇"繁体字作"婦"，是一个女子拿着扫帚的形象，就是在家里拿着簸箕、扫帚做家务的女人。她们的活动范围是内宅，因此被称为"内人"，在外面被称为"贱内"，俗称"家里的"，她们自称"箕帚妾"。女子的责任是"相夫教子"，就是辅佐丈夫，教育孩子。古人说"妻，齐也"，指的是妻子与丈夫的地位齐等。那是不是男女平等的思想？不是的。这个"齐"指的是"夫荣于朝，妻荣于室"，丈夫有了地位，妻子也有相应的封诰，她就成了"命妇"，并不是在家里地位齐等。"规"字从"夫"，义指规矩还是丈夫定的。

按道理，男权社会，男子应该是所有的担当。但我们常常会看到，有时候一些男人没出息，会让一个女人出头去和亲，或者丢了国家的时候，把责任推给女人，称她们为"祸水"。因为男权社会中，话语权也掌握在他们手中，尽管他们常常很失败。这是不合理的，但这是历史现实。

男尊女卑

中国是传统农业社会，涉及继承权的问题，因此特别重视男子。久而久之，整个社会便形成一种男尊女卑的观念。这种观念反映到文字中就是，一些记录贬义词的字，往往是"女"字旁，如"嬾"（懒）、"媿"（愧）、"奸""妄""佞""嫉""妒""婪"等，后来大家在用字过程中大概也有些反思，如懒人不一定是女的，男的也懒。惭愧的也不一定是女子，男子也应该惭愧，因此出现了"懒""愧"等异体字，取代了以前的字形，但大部分依然没有改变。那为什么没有"男"旁的字呢？这是文字使用中的不平衡现象，说明"男"字旁不必标明，同样显示了男女的不平等。武则天当皇帝时，造了一些新字，也就是所谓的"武周新字"，但也没注意这个问题。民国时期，女权主义兴起，有人觉得第三人称只有一个"他"，不平等，因此造出了一个"女"字旁的"她"，以示区别。1921年，郭沫若的《女神》以及他翻译的《茵梦湖》大受欢迎，其中大量使用"她"字，让这个字具备了社会性。那时也曾用"妳"表示第二人称的女子，但并未通行，只在小范围内使用。

◎五代卫贤《高士图》

重男轻女的观念，说到底是利益导致的。如果女子给家族带来了巨大的利益，大家就会以她为荣。如卫子夫当了皇后，大家就唱："生男无喜，生女无怒，独不见卫子夫霸天下！"（《史记·外戚列传》）杨贵妃"遂令天下父母心，不重生男重生女"（白居易《长恨歌》）。当然，大部分女子是没有这个"福气"的，于是这个习惯到现在也没完全肃清。

妻妾嫡庶

"妻"得名于"齐",指的是与丈夫地位齐等,因此妻只能有一个,只有"妻"才能成为夫人,其他的只是妾。后人为了给妾抬高身份,尊称为"如夫人"(和夫人一样)。古代女子自称是"妾",可知妾的地位低下。

"妻"只能有一个,天子之妻也是一个人。古代有"天子一娶十二女"的说法,女方国家要保证自己女儿的地位,怎么保证呢?首先要让她能够生育,并且生育儿子,但这个做法仍有风险,因此,出嫁的时候让她的两个妹妹或者侄女跟着一起出嫁,这叫"媵","媵"是陪嫁之义。为了增加这种可能性,妻族又联系同姓的三国,每个国家再出三个姑娘(也是姐妹或者姑侄)一起去,十二个人,总有生儿子的吧。至于是否幸福,并不在他们考虑范围之内。当然,如果这十二个姑娘都不生孩子,那可怪不得人家了。诸侯一娶九女,也是这个道理。一直到"士",还一妻一妾呢。只有庶人一夫一妻,称为"匹夫","匹"为匹配义。天子的夫人死了,也不能再次结婚,这叫"天子不再娶"。他应该在她的媵妾中选择一个作为夫人，这样避免了时局动荡。当然，这属于礼的范畴，能否被实行，是另一回事。

"后"本来是君主的名称，"后"与"司"同义[小篆后（后）是司（司）的倒文]，为管理义，后用作指称君夫人。"夫人"是个敬称，国君的嫡妻称"夫人"。后世夫人、淑人、恭人、宜人、安人、孺人都是诰命，不是谁都能用的，因此称"夫人"是一种尊称。称呼别人的妻子为"夫人"，称呼自己的妻子应当为"内人"。现在经常听到有人介绍自己的妻子说，这是我的夫人，这是不合古礼的。

夫人生的儿子叫"嫡子"，可接替父亲的位置，如果嫡子多则选嫡长子。妾生的儿子叫"庶子"，"庶"是众的意思，"庶子"也叫"孽子"，因为"庶子"相对于"嫡子"就像树木生长的旁枝（"蘖"），因此叫"孽子"。嫡庶之分为了稳定家庭的秩序，但历史上众子夺嫡的事数不胜数。——在利益面前，不要谈感情。

谈婚论嫁

男子二十岁加冠，女子十五岁及笄，到了这个年龄，就可以谈婚论嫁了，因此夫妇叫"结发夫妻"，就是头发刚扎起来的时候订婚。

男婚女嫁需要"父母之命，媒妁之言"，什么是父母之命呢？《仪礼·士昏礼》载，送女出嫁，父亲命之曰："戒之敬之，夙夜毋违命。"母亲命之曰："勉之敬之，夙夜无违宫事。""命"和"宫事"指的是公婆的教命及家务，也就是出嫁后，要谨慎，听公婆的教命，勤劳家务。什么是"媒妁之言"呢？《说文·女部》："媒，谋合二姓者也。""妁，斟酌二姓者也。""媒""妁"都是媒人的意思。如果没有父母之命、媒妁之言的自由恋爱，就叫"奔"。孟子说："不待父母之命，媒妁之言，钻穴隙相窥，逾墙相从，则父母国人皆贱之。"（《孟子·滕文公下》）他的意思是，如果没有父母之命，媒妁之言，就钻洞穴、爬墙头去私会，那么全国人民都是鄙视你的。

男女双方，女方为"婚"，男方为"姻"。因为古代结婚是在黄昏，因此称为"昏"，后来才加上了"女"旁。男方叫"姻"，"姻"得名于"因"，指的是男方为女方的依靠（"因"）。这也说明古代女子的依附性。女子出嫁叫"归"，也就是说，在父母家的十多年都是客人，嫁出去才是真正的家。女子出嫁后，没有夫家的允许是不能回来的。《战国策》中"触龙说赵太后"一节，赵太后送女儿出嫁燕国，哭得很伤心，但女儿走后，她每次祈祷都说："千万别让她回来啊！"（"必勿使反"）因为一旦被遣送回来，大约就是犯了"七出"。《孔雀东南飞》中，刘兰芝回到娘家，她母亲非常惊讶地说："不图子自归！"没想到你自己回来了。

当然，当娶不娶，当嫁不嫁，古代叫旷夫、怨女，现在叫剩男、剩女，也是社会问题。在古代，社会出了问题，当政者是要反思的。三十年前，大家会说"找个好人嫁了"，现在大家说"找个有钱人嫁了"，这也反映了不同的时代取向。

城里与乡下

　　中国的城市形成于夏商时期，城市叫"邑"，甲骨文作𢍧，上面的"囗"（wéi）只一个框，是城市的样子，"囗"下有人是"邑"，也就是城市。甲骨文有这样的字形𢌞，几个脚在一个城市外围，金文或画四个脚丫𡇡，小篆规整后是𡇈，这是军队包围一个国家的场景，这个字也就是包围的围，后来中间的部分看不出城市的意思来了，就在外面加了一个义符"囗"变作了"圍"。扛着戈去护卫城市，甲骨文作𢦜，就是国，后来在外围又增加了一个"囗"，就成了"國"。内城叫"城"，甲骨文作𩫖，外城叫"郭"，甲骨文作𩫨，由于"郭"是市的外围，因此也就是早期的轮廓的"廓"字。

　　"邑"与人的生活密切相关，因此成为构字能力很强的部件，在文字中变作右边的"阝"，比如"郑""邯郸""邢""邦""都"等，都和城市有关。都城之外五十里为近郊，百里为远郊，"郊外"即这些地方。都城之外五百里的地方叫"鄙"，五百家为鄙。鄙距都城远，因此引申有偏僻之义。诸葛亮《出师表》说"先帝不以臣卑鄙"，卑指的是卑微，即没有地位；鄙指的是远离城市居住，也就是乡下。即使小小的"乡"（"鄉"，春秋时期，两三千户就称为乡）、"邨"（村）都是"邑"旁。由于城市相对发达，乡下就成了落后的代名词，这个观念到现在还没有彻底改变。由于农村比较小，忽略不计，"乡"就成了最低一级的城邑，农村人称为"乡下人"。在传统中国，"乡下"意味着贫困、落后、闭塞，可见我们与文明的差距还是很大的。乡作为基层行政单位，与村差不太多，"村"有土气的意思，《红楼梦》称呼刘姥姥为"村姥姥"，但"乡气"也同样是土气的意思。这十几年来，笔者所属的乡（非县城），开始称农村为"乡下"（似乎他们是"城里"），这个称呼，一则反映了城市化的加速，再则反映了城乡的差距愈加变大。特记于此，以备采风。

血口喷人

"血"的甲骨文作❧，是器皿中一个血滴的形象，到了小篆中变成了❧，依然是血在器皿中。可见上古时期血是有特定用处的。

血的重要用处之一是盟誓，古人有歃血盟誓的风俗，歃血就是吸血。盟誓的过程是这样的：挖一个坑，在坑里面杀掉牺牲（一般情况是牛），割下牛耳，盛在珠盘中，再将牛耳中的血盛在玉敦中，用血写好盟书，大家一起把玉敦中的血喝下，然后读盟书。最后把杀掉的牺牲和盟书一起埋掉。此后都要遵守这个盟约，如有违背，神加殃咎，便如此牺牲一般。古人对违背盟约的事看得很重，《左传·襄公九年》云："与大国盟，口血未干而背之，可乎？"（与大国歃血结盟，嘴上的血还没干，就违背盟约，可以吗？）后世传为"血口喷人"，也就是不顾事实，污蔑他人。盟誓时，次要的一方来主持其事，叫"执牛耳"，为主的一方只莅临其事而已。后来"执牛耳"引申为操控全局的意思。

血的另一个用处是衅（xìn），"衅"就是"打破砂锅问到底"的"问"的本字，也就是裂纹。古人做成了钟、鼓

◎战国末期盟书 山西省侯马市出土

等宝器，要用牲血涂在它们的缝隙上，以便衔接，这道工序就叫"衅"。《孟子·梁惠王上》载，梁惠王看到有人牵牛过堂下，说要牵着牛去衅钟，梁惠王说，不要用牛了，改用羊吧。后来又为"衅"造了个异体字"衈"，从"血"字旁，让表意更加明显。"挑衈"，意思就是挑起裂痕的意思。衈钟鼓，除了用牛羊之外，还可以用战俘的血。春秋时，晋秦的崤之战中，晋国放了秦国的三个元帅，他们感谢晋君："君之惠，不以累臣衈鼓。"（《左传·僖公三十三年》）"以累臣衈鼓"指的就是用俘虏的血涂抹刚做好的鼓的裂痕。

病变轻了

通常说的病字旁"疒"读 nè，甲骨文作𤕫，是人躺在病床上的形态，只是因为文字的规整而竖起来而已，人旁的两点代表生病流的汗。"疾"甲骨文作𤓎，像一支箭（矢）射中了人的腋下，后来在使用过程中，其中的"人"就变成了"疒"。

古代汉语中，"疾""病"两个词程度的深浅不同，"疾"指的是普通的小病，"病"指的是大病，一般是不治之症。扁鹊初见蔡桓公，说："君有疾在腠理，不治将恐深。"（《韩非子·喻老》）这是小病。但"病入膏肓"，则是大病。二者同时出现的时候有严格的区分，《周礼》中的疾医"掌养万民之疾病"，这个"疾病"指的是小病和大病。二者在引申义上也有所不同，梁惠王说自己"寡人有疾，寡人好色"，这个"疾"就是小毛病。而拔苗助长的那个人，回家后说"今日病矣"，这句话翻译过来应该是"今天累死了"，而不是今天累病了。

大约战国末期到汉代时，"病"的词义范围就吞并了"疾"，《礼记·檀弓上》引用先秦时期曾子的话"丧有疾，

◎扁鹊（《元始天尊说药王救八十一难经》）

食肉饮酒"（居丧时生病可以吃肉饮酒），但这句话到了汉代的《白虎通》中，变成了"丧有病，得饮酒食肉"。《礼记》用"疾"，《白虎通》用"病"，说明汉代"病"的含义正在等同于"疾"，变轻了。汉代以后常用"无病""去病""去疾""弃疾""病已"（病好了）这一类的词当名字，表达了一种质朴的愿望，说明"疾""病"几乎同义了。现代汉语中，"疾""病"已经完全同义了，甚至口语中"病"这个词吞并了"疾"，"疾"不再单用，说明"病"这个词具有很强的生命力。只有在正式场合比如医院才会用到"疾病"这个词。

行仪用度

亦步亦趋

　　小时候老师教我们写字，总是强调"步"字的下面不是"少"，没有右边的那一点，但没告诉我们为什么。我们看看"步"的甲骨文字形：，是两个"止"（即脚趾的"趾"），表示脚，走路时脚的方位是不一样的，所以"步"字的两个"止"一正一反。这个字进化到小篆阶段，变成了，可见"步"的上下两部分都是"止"字的变形，下面并不是"少"。

　　古代的步和现代的步不一样，现在迈出脚就是一步，古人迈两次脚才是一步。因此，古人有"半步"之说，半步叫"跬"，《荀子·劝学》："故不积跬步，无以至千里。""跬"相当于我们现在的一步，现代人无论如何也迈不出半步的。

　　普通的走就是两脚行进，但在正式场合要"趋"。那么"趋"是怎样的一种走法呢？是小步走，分为疾趋、徐趋两种：疾趋是鞋离开地面，徐趋是拖着脚后跟向前。疾趋的两个脚印分开，中间容得下一个脚的距离，相当于我们现在的小步跑。徐趋则脚印连脚印，其又分为两种，一种是后脚踩住前脚踏出的半个脚印，一种是后脚和前脚印紧挨着。堂上走路，要踩半个脚印，堂下则脚印相连。并且，趋的时候两手不能随便摆动。

"趋"与古代的防范意识相关，在尊长面前，不能大踏步地疾走，以防不测。因此，卑者见尊者都要"趋"。《战国策·赵策》中触龙拜见太后，进宫后"入而徐趋"，就是这种礼节。晚辈见到长辈也要趋，《论语·季氏》："（孔子）尝独立，鲤趋而过庭，曰：'学诗乎？'对曰：'未也。''不学诗，无以言。'鲤退而学诗。"孔子的儿子孔鲤见到父亲在庭院里，要趋而过，以示恭敬。王勃在《滕王阁序》中说："他日趋庭，叨陪鲤对。"用的就是这个典故。因此，汉高祖赐萧何"剑履上殿，入朝不趋"，可见是多大的荣宠。有个成语叫"亦步亦趋"，现在的意思是说一个人没有主见。这个成语出自《庄子·田子方》："夫子步亦步，夫子趋亦趋。"颜回随着孔子学礼节，孔子迈步，他就迈步；孔子趋，他也跟着趋。这本没什么不好，只是后人把它用错了。任何礼节在起初都是实用的，后代失去了具体的历史环境以后，感觉不到这种意义，便会觉得虚伪。

临水登山

子曰："智者乐水，仁者乐山。"(《论语·雍也》)

普通的走路是步，走水路是什么呢？我们看这个甲骨文
🚶，两只脚越过了一条河。很显然是"涉"，即从水的这一
端到达水的那一端。每当看到"所谓伊人，在水一方"时，
大家都会同情那位无奈的诗人。但水那边的伊人可能会说，
你可以蹚水来找我啊。《诗经·郑风·褰裳》中的姑娘就说：
"子惠思我，褰裳涉溱。"如果您想我了，就提起下裳、蹚
过溱水来见我啊。这里的"涉"就是它的本义，蹚水过河。
随着词义的发展，与别的事物有了牵连也用"涉"，如牵
涉、涉及、涉事者等。

那么走山路是什么呢？我们看这个甲骨文🚶，两只脚在
上山，后来演变成了"陟"(左"阝"是"阜"变来的，表
示高山)。《诗经·周南·卷耳》云："陟彼高冈。"即登上
了那高高的山冈。后引申有上升之义，唐代官名有"黜陟
使"，负责官员的升降，"黜"就是降级，"陟"就是升迁。
诸葛亮《出师表》云："陟罚臧否，不宜异同。"说的是升
迁（陟）、降级（罚）、表扬（臧）、批评（否），不能因关

臣亮言：先帝創業未半而中道崩殂，今天下三分，益州罷弊，此誠危急存亡之秋也。然侍衛之臣不懈於內，忠志之士忘身於外者，蓋追先帝之遇，欲報之於陛下也。誠宜開張聖聽，以光先帝遺德，恢志士之氣，不宜妄自菲薄，引喻失義，以塞忠諫之路也。宮中府中俱為一體，陟罰臧否，不宜異同。若有作姦犯科及為忠善者，宜付有司論其

◎《文选》卷三十七诸葛亮《出师表》

系远近而有所出入。那么下山是什么字呢？将"陟"的两只脚（"止"）朝下就是了，甲骨文有𨽰字，两只脚从山上下来，这是下降的"降"。"陟"与"降"是一对反义词。《诗经·大雅·公刘》："陟则在巘，复降在原。"（一会儿登上小山，一会儿又下到平原）用的就是本义。

行不由径

  "行"甲骨文作𧗞，是十字路口之形，本义是大路，因此《诗经》有"景行（háng）行（xíng）止"之句，第一个"行"就是大路之义，也就是大路走到这里已是最宽阔的，可以止步了。但并不是所有的路都是十字路口，关于道路的分类，《尔雅·释宫》云："一达谓之道路，二达谓之歧旁，三达谓之剧旁，四达谓之衢，五达谓之康，六达谓之庄，七达谓之剧骖，八达谓之崇期，九达谓之逵。"我们现在所谓的"歧路""通衢""四通八达""康庄大道"都是从这里来的。后来"道"引申为人的行为规则，因此有"道理"这样的词。古代把通晓一件事叫"知"，到了现代汉语中变成了双音词"知道"，也反映了对"道"的重视。在现代汉语中，"知道"是个偏义复词，依然是"知"的意思。

  车走的叫道路，人走的叫"径"，因此有路径、径直、田径这样的词。径相较于车行的道路要窄小，因此引申有小路甚至邪路的意思，比如"终南捷径"，指的是达到目的的便捷途径。澹台灭明"行不由径"(《论语·雍也》),就是走路光明正大,不走斜路。现代汉语说一个人不好的行为叫"行径"。从无路的地方踩出路来叫"蹊",司马迁赞扬李广"桃李不言,下自成蹊",就是看桃李之花的人将下面踩出了小路。说一个人独出心裁叫"独辟蹊径",就是走出了一条与众不同的小路。

步行叫"徒",《周易·贲卦》:"舍车而徒。"即舍弃车子而步行,现在还说"徒步"。古代有身份的人才能坐车,徒步走路的人比乘车的人多,因此"徒"引申有"众"的意思。"徒弟"就是众弟(老师称学生为"弟")。"师徒"以前叫"师弟",即老师和弟子,现在"徒"也有弟子的意思,是"徒""弟"连用,"弟"的意思转移到"徒"身上去了。再引申,众人有平庸之义,因此有"某某之徒"这样的蔑称。

行仪用度

失仪的跑

走路是步，小步急行是趋，跑是什么呢？——是"走"。《释名·释姿容》云："徐行曰步，疾行曰趋，疾趋曰走。""走"字的金文𧺆，上面是一个人甩开胳膊，下面是一个"止"（脚丫），很显然是"跑"的形象。古汉语中"走"表示跑的意思，比如"守株待兔"那只兔子，"兔走触株，折颈而死"（《韩非子·五蠹》），如果兔子走路碰到树桩，是不会撞死的。成语"走马观花"，出自唐代诗人孟郊中进士之后所作的《登科后》诗，诗云："春风得意马蹄疾，一日看尽长安花。""马蹄疾"的"疾"是快，很显然也是跑，但成语中用的是"走"。

君子一般是不能跑的，那属于失仪。《世说新语》载，王献之和他的哥哥王徽之（就是那个"雪夜访戴"的人）在屋里坐着，忽然着火了，王徽之拔腿就跑，王献之不慌不忙，叫仆人扶着，慢慢地走出去。人们因此认为献之很绅士，徽之没出息。乾隆皇帝召见户部尚书史贻直，史贻直不紧不慢地走。有人催促他说，史大人快些。史贻直说，你见过哪个宰相跑的！那什么时候跑呢？一是逃命的时候，

《孟子·梁惠王上》中说"弃甲曳兵而走"，战场上逃命，肯定得跑。杜甫《石壕吏》"老翁逾墙走"也是跑。这时候就顾不得君子不君子了。二是长者招呼的时候，一定要跑着去。《礼记·玉藻》："父命呼……走而不趋。"意思是父亲招呼，一定要跑，这时不能趋，要跑。这就是《弟子规》所说的"父母呼，应勿缓，父母命，行勿懒"。"跑"这个词出现得很晚，它出现以后，就代替了"走"，而"走"就用来表示走路了，这是词语之间的能量交换。

　　说了"走"字之后，有人问，既然"走"（）是一个人下面是一只脚，那么站立的"立"怎么写呢？它与"走"的区别是什么呢？"立"的甲骨文是，是一个人站在地面上的形状，他的手自然下垂，有别于"走"上面的"人"挥舞臂膀之形。也许有人会说，表示走路，上面画个人，下面用一个"止"不行吗？大家看这个甲骨文：""，人下面有一只脚，这是为了突出这只脚，因此画得很大，这个字是"企"，就是踮着脚向高处看，老子说"企者不立"，就是一直踮着脚的人是站不稳的。因此引申有了希望的意思，比如"企图""企盼""难以企及"，"企鹅"给人的感觉就像一直踮着脚。荀子说："予曾企而望矣，不如登高之博见也。"（《论语·劝学》）"企而望"就是踮着脚远望。

驷马难追

　　车在古人生活中是重要的代步工具,《说文》中"车"旁的字有九十九个,可见"车"和当时人的关系密切。孔子说:"以吾从大夫之后,不可徒行也。"(《论语·先进》)孔子是大夫,"吾从大夫之后"是谦虚的说法,指的是跟在大夫后面。"徒"是走路的意思,大夫不能"徒行",不是他装娇贵,而是无论在什么时候,都不能失去自己的仪态。车是地位的标志,所以冯谖在孟尝君家做门客,时间久了,衣食丰足,开始唱:"长铗归来乎,出无车。"(《战国策·齐策》)车都有车盖,像伞一样,很高。车盖高,家里的门就高,不然车进不去,这就是高门大户的由来。

　　驾车所用的马的数量随着等级不同而有所差异,《逸礼·王度记》载:"天子驾六,诸侯驾五,卿驾四,大夫三,士二,庶人一。"驾四匹马叫"驷",三匹马叫"骖",两匹马叫"骈",没有给五匹、六匹造字,因为那不常用。古代的车只有一根车辕,驾辕的两匹马叫"服马",两旁的马叫"骖(或骈)马"。《滕王阁序》说"俨骖䯤于上路",就是把"驷马"整理好而上路。如今我们还经常说的"驷马难追"，指的是驾着用四匹马拉的车去追，而不是骑马追。上古是不骑马的。直到战国末期，赵武灵王学胡服骑射，中原才开始骑马。

天子、诸侯都是世袭，但卿大夫可以晋升，因此，卿四匹马驾的车，即"驷马"，就成了富贵的代名词。司马相如贫贱时，在城北桥下题词，声称他年"不乘驷马高车，不过此桥"（《华阳国志》），可以想见，日后发达，衣锦还乡时必然少不了一副暴发户的嘴脸。不止如此，那些给人驾车的人，也很得意，比如晏子的车夫，每天给晏子驾车，"拥大盖，策驷马，意气扬扬，甚自得也"，以至于他老婆看不惯他这种小人得志的样子，要和他离婚。这个人还给我们留下了一个成语"得意扬扬"。

现代的名车有"宝马"（BMW）、"奔驰"（Benz）等牌子，意义都和马有关系，这样的音译兼意译符合中国人的思维习惯，如果翻译成"巴依尔""本茨"，尽管更接近它的读音，但销量可能会打折扣的。

古代的驾照

"御"，也就是驾车，是古代的"六艺"（礼、射、乐、御、书、术）之一，乃上流阶层必备的技术。驾马车有五种技巧，分别是：鸣和鸾、逐水曲、过君表、舞交衢、逐禽左。"鸣和鸾"中的"鸾"与"和"是车上不同部位的铃铛，马动则鸾鸣，鸾鸣则和应，也就是车走起来，铃铛响得要有节奏感。"逐水曲"指的是车在弯曲的岸边疾驰而不出事故。"过君表"即经过君主所在的地方，要有礼仪。"舞交衢"在十字路口走起来，要应付自如，像跳舞那样优雅。"逐禽左"指的是打猎的时候，追逐禽兽，要走在它们的左边，因为射猎最佳的方式是从猎物的左下部穿过，至其右臂穿出，这样一箭穿心，猎物的味道最美。除此之外，还要保持一个良好的精神面貌，身体端正，悠闲自得，哼着《五环之歌》。比如春秋时期郑国年轻人心中的偶像公叔段（大叔），"执辔如组，两骖如舞"（《诗经·郑风·大叔于田》），四根缰绳在手里就像一根那么自如，两边的骖马像跳舞一样优雅。这分明是在炫车技，赚点击，但他做到了。当年，大叔所到之处，万人空巷。

◎车骑出行 山东省滕州市桑村镇西户口村出土东汉画像石

以上只是驾车基本要求,驾车高手东野稷"进退中绳,左右旋中规"(《庄子·达生》),其实就相当于"科二"中的倒库和侧方。碰上真正的高手,为天子驾六马,能做到二十四个蹄子落下的方位都是固定的,"二十四蹄所投无差"(《列子·汤问》)。更专业的高手就像强迫症,能做到车轨扬起的尘土落下来正好盖上自己的痕迹,这叫"轨尘掩迹"(张衡《东京赋》)。当然了,技术不好,开翻了车,人家就会指着你跌倒的地方说——看,"前车之覆,后车之鉴"!这辈子别想在圈儿里混了。

乘车之礼

乘车需要什么礼节？坐着就是了。古代乘车是站着的。那是不是上坡下坡的时候得晃一下子？不是。车厢中有一根绳子，叫绥，供上车时拉手用，上车后，立正，拉着这根绳子，以保持稳定。所以"绥"引申有稳定、安抚义。清代有绥远将军，用的就是安抚义。作为领导，乘车时除了立正外，不能乱看，目光所及，向前只能到马的脖子，左右只能看到车轮，不能向后看，因为每个有地位的人出门都会有很多随从，他们难免有点小动作，你往后看，会引起他们的紧张感。不能大声说话，因为车走起来会有声音，说话难免就要大声，但这样也会让随从紧张。另外，不要在车上指指点点，这样会让随从不知所措。这就是《论语·乡党》说的："升车必正立执绥，车中不内顾，不疾言，不亲指。"《汉书》载，善修容仪的汉成帝就是这样的。古代培养君子的标准，凡事都要考虑到别人的感受，一举一动都不要给别人带来焦虑与不安。

乘车的另一个礼节是"式路马"，车厢前有一根横木，可以手扶（并执绥），叫式，通常加个"车"旁作"轼"。《曹刿论战》中，曹刿见到齐军逃跑，"登，轼而望之"，就是登上车，扶轼远望。行车途中，遇到君主的车马（即路马）要扶轼低头表示敬意，这个动作也叫"轼"。不只是君主，遇到一些值得或者应该尊重的人，都要"轼"。比如孔子"凶服者式之，式负版者"（《论语·乡党》），即遇到穿丧服的人和背着国家档案的人，都要"轼"，一是恻隐之心，一是敬意。较之现在的高声鸣笛或者超车，古人的行为似乎更值得我们效法。

下车礼仪

　　作为有身份的君子，乘车时要"下公门"，即路过朝廷的宫门，要下来走，这个走当然是趋。古代没有红绿灯，全凭自律。春秋时期某个晚上，卫灵公与夫人听到车声辚辚，快到宫门的时候，却没了声响，过了一段时间，又听到车声远去。卫灵公知道这是个自律的君子，他问夫人，你猜这个自律的人是谁？夫人说，肯定是蘧伯玉，因为蘧伯玉这个人不会因为大家都看着就故意表现自己的节操，也不会因为没人看着就放纵自己的行为，他一定不会因为在夜间而不守礼法。卫灵公使人去看，果然是蘧伯玉。之所以有这么多的讲究，是因为古代的教育培养的是君子。尊重他人，同时也是自尊。

　　作为军士，乘车时，路过上级有司的大门，要把铠甲装起来，把兵器捆束好，在车行进过程中，左右的乘车者要从车后面跳下来，随即再跳上去，叫"超乘"（"超"是越过的意思），表示对此地没有威胁。这是考验一个军人礼节的重要标准。"超乘"反映了一个军人的仪态，因此也很吸引年轻的姑娘。《左传·昭公元年》载，公孙黑、公孙楚同

◎伯玉车 顾恺之《列女传图》

时喜欢一个美丽的姑娘，一起去求婚，公孙黑穿得很正经，规规矩矩放下聘礼出去了。公孙楚穿着一身戎装，下车后，左右开弓射了两箭，然后迅速地跳上车，"超乘而出"，其实就是耍帅。那姑娘看了之后，说："公孙黑真是个很好的人，但公孙楚才是值得嫁的人啊。"贵族的行为，一举一动不仅仅是实用的，而且都要体现礼节。

车同轨

做车轮用的木材，本是一根直木，把它拗弯，变成圆的，就可以做车轮的边框（"辋"）。这个过程就是荀子所说的"木直中绳，𫐓以为轮"（《荀子·劝学》）。轮上有辐——现在自行车的辐条依然是这个样子——一般为三十根。辐的一头在车辋，另一头向中心的车毂集中，这叫辐辏，我们说一个地方人很多，也可以叫"辐辏"，指的是像车辐一样聚到一起。物理学上有个词叫"辐射"，意思是像车辐一样向四外散射。车轴在两个轮子的车毂中穿入，车轴是一根横梁，上承车厢，两端套上车轮。为了将车轮固定在车轴上，车轴外端有一个孔，孔中放入一个部件，以防车轮脱落，这个部件叫"辖"，辖虽然小，但它的作用很大，所以我们说"辖制""管辖""辖区"等。破坏一辆车，最简单的办法就是把它的辖拿掉，那样走不多远，车轮就会滑脱。汉代的陈遵好客，每次宾客在他家喝酒，他就让人把宾客的车辖取下来，扔到井里，然后紧闭大门，谁都不许走。

两轮之间的距离叫"轨"，同一个国家的车轨是统一

◎辏轮 山东省嘉祥县城东北洪山村出土东汉画像石

的，道路用的时间长了，就会出现一定深度的凹槽，这个凹槽叫"辙"，如果轨不合辙，车就很难行走。如果两个国家的车轨不同规格，这两个国家是不能交通的，这就是秦始皇统一六国后，实行"车同轨"的原因。《曹刿论战》中，齐国的军队逃跑，曹刿通过仔细观察他们的车辙，认为他们不是诈败，而是真正的逃亡，因此命令军队追杀，最终齐国大败。因为他看到齐国兵车"辙乱"，如果诈败，会有秩序地撤退。现在柏油马路不再有辙，但火车依然有轨。现在我们说"步入正轨"，也就是上道了，"出轨"就是走了错误的路。"没辙"就是没有可以通行的办法，诗文的上下句押韵叫"合辙"。这些词都是车为我们留下的。

车战

　　上古作战是车战，骑马作战是战国末期才出现的。一辆战车上有御者、车右、车左三人，御者居中驾车（如果是主帅，则主帅居中，御者居左），车左执弓箭，车右执戟，车右一般为大力士，作战之外，当战车遇到阻碍时，还负责助推。此外还有步卒七十二人。甲士（带盔甲的兵士）三人，步卒七十二人，这样的一辆车就叫"一乘（shèng）"。评价一个国家的军事力量，看的就是有多少兵车，大国被称为"千乘之国"。春秋早期，郑庄公攻打其弟共叔段，用的是兵车二百乘，大概是一千五百人。现在看来人并不多。因为那时一个国家的军队不多，两个国家打仗，其规模就像现在两个村子群殴。但到了春秋晚期，千乘之国已经很普遍了，可见一个时代军事力量的发展。作战的人叫"兵"或"卒"，"兵"，甲骨文作 ，其字形是两只手上面举着一个大斧，本义是兵器，引申为使用兵器的人，如"短兵相接"中的"兵"依然保持着它的本义。"卒"（卒）的字形是衣上有个"十"字标志，古装电视剧中很多士兵的衣服上多有这样的印记。兵卒也叫"徒"，徒就是走路的意思，这是相对车上的甲士来说的。

军队车到了一个地方，用战车围成一个圈，驻扎下来，就是"军"，"军"的本义是驻扎，"军"字上面的"冖"就是环绕的意思。《史记·项羽本纪》"沛公军霸上"中的"军"用的就是本义。军门处，将车竖起来，让车辕形成门，叫"辕门"。有一出戏叫"辕门斩子"，用的就是这个名称。中国象棋有个棋子"车"，能长驱直入，就是上古战事的遗留。

言语

　　春秋时期，楚王灭掉息国，把息夫人抢去作妾。《左传》载，息夫人与楚王生了两个孩子，但一直"未言"。为了这两个字，古人打了好久的官司，认为息夫人与楚王生活了这么久，不说话是不可能的，甚至认为《左传》写的有问题。其实这是不懂先秦语言的缘故。"语言"作为一个并列式双音词，是说话的意思。但在上古，"言""语"是有区别的，言指的是主动开口，语指的是对答。《说文·言部》云："直言曰言，论难曰语。"息夫人"未言"不是不说话，只是不主动开口，楚王问话还是要回答的，不然就是失礼了。在这种不得已的情况下，不言也表明了一种态度。因此，王维诗云："看花满眼泪，不共楚王言。"《尚书》载商王武丁守丧"三年不言"，也是这个缘故。作为君主，不说话是不可能的，只是不主动说话，但可以"语"，也就是臣子奏报是可以对答的。我们说一个人安静，叫"不言不语"，即既不开口说话，也不回答别人问话。如果"言""语"完全同义，就没必要这么啰唆。我们的语言发展了这么长的时间，早把那些无关紧要的因素肃清了。

知道了"言""语"的区别，就明白《论语》载孔子"食不语，寝不言"的意思了，吃饭的时候不要相互交谈，不然互相喷一脸，很失态；睡觉的时候就不要主动开口，否则影响他人。这样的理解才透彻。这句话大家常常误解为"食不言，寝不语"，其实是不了解这两个字的区别导致的。《论语·述而》："子不语，怪、力、乱、神。"意思是孔子不和人讨论怪、力、乱、神这样的问题。

语言内部一直在进行着能量的交换，后来"说"在口语中出现了，使用频率远远高出了"言"和"语"，且进一步吞并了它们的功能，成了我们日常表达言谈的主要动词，于是"言"和"语"逐渐退出了口语表达。就像单位里来了个能干的，不能干的自然就退居二线，甚至完全退休。这个，领导意见没用，真是群众说了算。

行仪用度

147

吉人之辞寡

　　先民以为语言和所指对象是有必然联系的，不是索绪尔语言学所说的"任意的"。因此中国人以"人""言"为"信"，即说出来的话要实现，因此《周易》说"修辞立其诚"。说得多了难免就有实现不了的，古人把这种行为叫"食言"，鲁哀公说孟武伯："食言多矣，能无肥乎？"（《左传·哀公二十五年》）这就是"食言而肥"的由来。既然言多必失，越是爱说话，食言的机会就越多，就越无信。

　　《论语》认为君子要"讷于言而敏于行"，"讷"就是说话迟钝，这是忠厚的表现。与"讷"相对的是"辩"，老子说"善者不辩，辩者不善"。"辩"也叫"巧言"，孔子说"巧言令色，鲜矣仁"（《论语·学而》）。《诗经·小雅·巧言》云："巧言如簧，颜之厚矣。"可见古人对善辩者的讨厌。后世还真用"巧""言"二字放在一起造了一个"䛒"字，作为"辩"的异体字。孔子在周太庙的右阶之前，看到有金属铸造的人像，嘴被绳子一道道捆着（"三缄其口"），背上刻着："古之慎言人也，戒之哉，戒之哉。无多言，多言多败。"（《说苑·敬慎》）形象地说明了古人对言辞的谨慎。

汉高祖刘邦想废太子刘盈，而立戚夫人之子为太子，御史大夫周昌口吃，一着急，结巴着说："臣口不能言，然臣期期知其不可。陛下虽欲废太子，臣期期不奉诏。"（《史记·张丞相列传》）刘邦笑了。吕太后在外面听到，非常感动，等周昌出来后，吕太后跪下说，如果不是您，太子就被废了。他们从周昌的诚恳中听到了忠诚。"期期"是周昌口吃的言辞，后人用"期期"作副词，表现人说话诚恳的样子。王羲之的三个儿子子猷、子重、子敬去看望谢安，子猷、子重一直在聊天，只有子敬略叙寒温，便不再开口。三人走后，门客问这三个孩子哪个优秀？谢安说，小的子敬最好。门客问为什么？谢安引用《周易·系辞》的话："吉人之辞寡，躁人之辞多。"子敬即王献之。

谦称和敬语

《说文·言部》："谦，敬也。"怎么个敬呢？就是说话的时候不要说大话，尽量少说，即使说，也不要说得那么满，不要伤害到别人。传统中国人说到自己一定要贬抑，说到别人要褒扬，这就是"礼"的标准，"自卑而尊人"。《周易·谦卦》说："谦谦君子，卑以自牧。"

说到自己，一般自称名，第一人称代词"仆""予""吾"等尽量少用，而"我"则是非常自负的语气。张爱玲也说过，"通篇我我我"的文学是很招人讨厌的。（《童言无忌》）即使天子、诸侯说话也是充满谦虚的，诸侯自称"不谷""孤""寡"，"不谷"为不善，"孤"为孤单义，"寡"是少的意思，"寡人"就是寡德之人；君夫人自称"小童"，指的是童蒙无知。孔子是大夫，提到自己的职位说"吾从大夫之后"，就是我跟在大夫后面。这丝毫无损于他们的贵族形象，反倒因谦卑而优雅。到了秦始皇，为了表示自己的尊贵，专门给自己定了个第一人称"朕"（这个词本来普通人都能用，相当于"咱"），充分暴露了他的独夫心态。第二人称的敬语是"君""子""吾子"等。天子下设六卿，

◎礼（冯云鹏、冯云鹓《金石索》）

因此君对臣的爱称为"卿"，后来变成了关系亲密的人之间
的互称。晋代王戎的妻子经常呼他为"卿"，王戎认为妻子
这样做不合礼法。他妻子说："亲卿爱卿，是以卿卿；我不
卿卿，谁当卿卿？""卿卿"上一个卿是动词，下一个是代
词，意思是"以'卿'称呼你"。第二人称"汝""尔"则
是鄙视之辞，"尔汝众人"就是拿众人不当回事。杜甫诗
"忘形到尔汝"（《赠郑虔醉时歌》），那是喝多了的状态。

　　《三国演义》中，魏延造反，在马上大叫："谁敢杀我！"
用"我"，显示出一种狂妄的自信。这时身旁闪出大将马岱，
大叫一声："吾敢杀汝！"一刀斩魏延于马下。马岱指称魏
延为"汝"，充满了不屑。这是对敌，对待友人不能这样。

骂街

　　上古贵族言语优雅，"其语不经见，缙绅者不道"（《史记·封禅书》）。那他们会不会骂人呢？答案是肯定的。上古没有"骂"字，与之同义的是"詈"，"詈"出现较早，《尚书》《诗经》中就有，但使用率并不高，说明古人不常用。"骂""詈"都是"罒"字偏旁，"罒"是"网"字的形变，指的是用语言把人罩住。《释名》解释"骂"："骂，迫也，以恶言被迫人也。"战国之前，大家对别人的不敬之词是"诽"和"谤"，诽是言非其实，谤是有意夸大。《论语》说"子贡方人"的"方"就是"谤"的假借，即子贡毁谤别人。

　　春秋之世，骂人的话还是比较含蓄，秦穆公骂蹇叔："中寿，尔墓之木拱矣。"（《左传·僖公三十二年》）中寿是六七十岁，此时蹇叔已经八九十岁了。秦穆公说如果活到中寿，现在你坟墓上的树已经能够两手合围了。意思是你早就该死了，但他没那样说。楚成王的妹妹江芈骂太子商臣为"役夫"（《左传·文公元年》），也就是服役的人。即使战国时期的孟子说墨子、杨朱"无父无君，是禽兽也"

（《孟子·滕文公下》），这个"禽兽"相当于现代汉语中的"动物"，指的是动物没有人伦，并不是辱骂。可见贵族时代，谨言慎行，是一种自重。战国之后，风俗浇漓，人们骂街开始露骨，《战国策·赵策》齐威王骂周天子的使臣："叱嗟！而母，婢也！"（你妈是个婢女）以后就越来越等而下之了。《后汉书·刘宽传》载，客人骂刘宽的奴仆为"畜产"，以至于刘宽担心这个奴仆会因羞愤而自杀。祢衡则骂黄祖"死公！"（《后汉书·文苑传》），以至于黄祖把他杀了。曹丕的母亲卞太后骂曹丕"狗鼠不食汝余"（《世说新语·贤媛》），也就是你剩下的东西狗和老鼠都不吃。因为曹丕把其父曹操的宫人全部收用了。

　　这样的骂詈现在看来已经很优雅了，因为无论怎么露骨，并没有涉及男女关系。到了后世的世情小说出现，如《醒世姻缘传》《金瓶梅》《红楼梦》中的骂街和我们现在已经差别不大了，其规模、深度略如鲁迅所云"上溯祖宗，旁连姊妹，下递子孙，普及同性，真是'犹河汉而无极也'"（《论"他妈的！"》）。澳大利亚学者露丝·韦津利有本小书叫《脏话文化史》，探讨了脏话背后的思维习惯。以中国博大精深的骂街文化，弄出一本博士论文来是没问题的。

当我们谈天时我们在谈什么

我们把闲谈叫作"谈天",但仔细分析这个动宾结构的词语,我们闲谈的内容是"天","谈话"可以理解,谈的就是"话",但谈天,谈的是"天"吗?两个人偶尔见面,也许会说一句"今天天儿不错",那也属于没话找话。英国多雾,大家关心天气,见面说一句"It's a nice day, isn't it?"(今天天气不错,不是吗?)属于正常的客套话。但这两种现象,谈的是天气,并不是汉语词"谈天"的内涵。

"谈天"一词源于战国时期的阴阳家邹衍,邹衍创五行学说,对中国文化影响巨大,他谈论的是天人感应,"五德终始,天地广大,尽言天事,故曰'谈天'"(《别录》)。可见这个"天"不是天气(weather),不是天空(sky),也不是上帝(God),而是宇宙(universe)。英国天文学家 J.F. 赫歇耳的通俗名著《天文学纲要》(*Outlines of Astronomy*),介绍太阳系、恒星的结构和运动,伟烈亚力、李善兰译为"谈天"。汉代之后,儒术独尊,儒家思想与阴阳五行之说结合后,"天人之学"成为中国传统文化的底色。"天人之学"以阴阳为体,五行为用,以经验性的类推为标准，认为凡是类比相关的事物都具有相同的内涵。环环相扣，使这个系统内部达到互相解释的自足状态，似是而非地解决了一切哲学问题。《蜀志》载蜀国学士秦宓与东吴使者张温的一番对答，颇能看出谈天的内涵：

张温问："天有头吗？"秦宓答："有。"问："头在何方？"答："在西方。"问："何以知之？"答："《诗经·大雅·皇矣》云'乃眷西顾'（上帝回头望视西方），以此推断，头在西方。"（蜀亦在西方）

张温问："天有耳朵吗？"秦宓答："有，《小雅·鹤鸣》云'鹤鸣于九皋，声闻于天'。如果天没有耳朵，如何能听闻仙鹤的鸣叫呢？"

张温问："天有脚吗？"秦宓答："有，《小雅·白华》云'天步艰难'。如果没有脚，怎么能'步'呢？"

张温问："天有姓吗？"秦宓答："有。"问："何姓？"答："姓刘。"问："何以知之？"答："大汉天子姓刘，因此天也姓刘。"

这是一则典型的"谈天"，尽管其中不乏附会的成分，但其附会的内容也都是来源于经典，而不是无聊的东拉西扯。何况思辨的东西，本来就不是为了解决吃饭的问题，所以这属于清谈。如果张温问："天有头吗？"秦宓答："没有。""不知道。"这样，"天"就被聊死了。

气质，无法模仿

"仪"是礼的外在表现，所以我们会说"仪式""仪表"，都是外在的意思。《诗经·大雅·烝民》："令仪令色，小心翼翼"（好的仪表，好的脸色，小心谨慎）。我们说一个人"仪表堂堂"，就是他的行为光明正大，不激进，不猥琐。

行动合仪，时间久了，就会形成"容"，但"容"不是现在说的"容貌"，而是相当于气质。《汉书》载，汉成帝"善修容"，即善于培养气质，"升车正立，不内顾，不疾言，不亲指。临朝渊嘿，尊严若神"（登车立正，不朝后看，不大声说话，不指指点点，以免给从人带来麻烦。上朝时深沉静默，尊严如神一般）。这个气质是内在的，多年培养的结果，与他那出身草民的先祖刘邦动不动就骂街大相径庭，二人中间隔着十代皇帝呢。现在的一些演员演皇帝，动不动吹胡子瞪眼，反倒给人一种土鳖的感觉。晋朝大将军桓温灭蜀，以蜀主之妹为妾。他的老婆南康公主听说后，率众去杀她。这个小妾正在梳头，《世说新语》记载，她"发委藉地，肤色玉曜，不为动容"，说："国破家亡，无心至此，今日若能见杀，乃吾本怀。"这个气质完全慑服了南康公主，公主扶起她，说了句后世流行的话："我见犹怜。"这个"不为动容"指的是仪态并没有变化。古代女子的"四德"（妇德、妇容、妇言、妇功），其中的"妇容"指的就是气质修养，不是外貌。

　　"容"与"止"经常同义并用，《世说新语》有《容止》。人的行为用礼来节制，就是"止"。做什么，或许能体现一个人的能力，但不做什么，能体现一个人的气质。"貌"指的是一个人的面貌，有些人很丑，古人所谓"貌寝"，但容止不凡。曹操做魏王时，匈奴使者来。曹操自惭形秽，让长得帅的崔琰代替自己，而他自己打扮成提刀的卫士，站在一旁。使者拜见完毕后，有人问他，魏王何如？使者说："魏王仪表非凡，但他旁边那个提刀的人是个英雄。"所以人的气质不会被外表所掩盖，也不会被外在的服装所增饰。现在是看脸的时代，因此很多人去"美容""整容"，实际上美的、整的是"貌"，"容"是整不出来的，就像那句广告词所说："气质，无法模仿。"

美的标准

古人说一个人漂亮，用"好"（hǎo），比如"君子好逑"，"好逑"就是漂亮的配偶。《陌上桑》云："秦氏有好女，自名为罗敷。"美丽的"美"，本字是"媄"，意思是"色好也"，后来用"美"字代替了，这是文字的假借。

古代评价美女的标准，除了漂亮，还有一个标准就是身材高大，比如"豔"（艳）字，从"丰"，也就是丰满而漂亮。如春秋时期那位"手如柔荑，肤如凝脂，领如蝤蛴，齿如瓠犀，螓首蛾眉"的卫庄公夫人庄姜，她的身材就是"硕人其颀"（《诗经·卫风·硕人》），"硕"是丰满，"颀"是高大。气质温婉善良也是一个标准，《诗经》中的"窈窕淑女"，不是漂亮，"窈窕"是娴静优雅，光娴静优雅还不够，还不能有"公主病"，要"淑"，也就是善良，既有内涵又善良，这才是一个真正的高贵女子。历史上，但凡与"女色"相关，一般都会出问题。古代的"美"，更多的是道德标准，比较主观，没有一定的标准。现在叫"颜值"，直接用数字来计算，可以量化操作了。因为现在是"看脸时代"，脸就是"脸"本身，为了好看，"挨千刀"也是在所不惜的。

古代也有男色时代，以至于发生了"看杀卫玠"的惨剧。现在夸男人漂亮叫"帅"，"帅"的本义是佩巾，率领义是"達"（也作"率"）的假借字，因此夸一个人"帅"的本义应该是表率、楷模之义，现在这个词已经仅指称外貌了。

按照语法结构，"美女""帅哥"相当于英语中的 pretty girl、handsome guy，指称范围不大。但在现代的用词中，这两个词已经泛指所有的女人、男人，也可见社会对美的追求。

临水照花

上古时代，没有镜子，想看看自己，只能在水里照影，这个动作叫"监"，甲骨文作🔲，是一个人跪着面对一个水盆的形象，金文作🔲，突出了人的大眼睛，小篆作🔲，已经接近楷书"监"了。《尚书·酒诰》云："人无于水监，当于民监。"（人不要用水做镜子，要用人民做镜子）照镜子就是对着镜子看，因此引申有仔细查看之义，如监督、监察、监考、监狱中的"监"，都有这个意思。后来有了铜镜，"监"字就改换了义符，把"皿"字旁换作了"金"字旁作"鉴"，照镜子除了观察自己的不足外，就是在镜子中可以欣赏自己，因此引申有鉴赏、鉴定的意思。现代汉语中，"监""鉴"各自承担了不同的义位。

镜子的主要作用是反映人的面貌，提高到哲学层面，镜子可以反映现实，为后人提供对比参照，因此叫"借鉴"，如唐太宗说："以铜为鉴，可以正衣冠；以古为鉴，可以知兴替；以人为鉴，可以明得失。"（《新唐书·魏征传》）后来司马光编了一本名叫《资治通鉴》的通史，就是用历史来做镜子，以资德治。从另一个方面讲，镜子里的物象即使再好，毕竟不是真的，不可过度迷恋，因此"镜花水月"是幻象的意思。《红楼梦》又名"风月宝鉴"，也就是说其中的悲欢离合不过都是幻象，如果太过执着，就会导致"痴迷的，枉送了性命"。

希腊神话中，那喀索斯（Narcissus）出生时，神示："不可使他认识自己。"他的父母便一直不让他看到自己的影像。一个偶然的机会，十六岁的那喀索斯在湖水中看到了自己美丽的倒影，从此便爱上了自己，最终憔悴而死。那喀索斯死后变成了水仙花，水仙便以"narcissus"命名，而其形容词"narcissistic"是"自恋"的意思，这个词在中国叫"顾影自怜"。当然最严重的后果是，每天对着镜子问："镜子，镜子，谁是全国最美的女人？"

学习是终身的

　　"学习"是一个常用词，但这个词怎么理解呢？它和"吃饭"是同样的语法结构吗？吃的是饭，学的是习吗？很显然不是。要理解"习"，就得知道它的本义。《说文》："习，数飞也。"什么意思？"习"的小篆字形鬙，上面是羽毛的"羽"，下面的"白"是"自"字的讹变，"自"的本义是鼻子，甲骨文作鼻，象鼻子之形。"习"的本义是鸟在学飞的时候一边拍打翅膀，一边用鼻子呼吸。为什么这么说呢？《礼记·月令》云："鹰乃学习。"这句话是说老鹰在学习吗？肯定不是，是说小鹰在学飞。因为学飞是不断实践的过程，因此有复习、温习、习惯、陈规陋习、"性相近，习相远"这样的词语。

　　古人即使是大学阶段（十五岁），也是一边农耕一边学习。农时到了，便耕作，有闲暇便互相讨论、实践。因此，三年而通一经，三十岁时通五经。而不是和现在一样，读书与实践截然分开。"学习"的意思是学到之后要不断地去实践，而不仅仅是学到了书本上的知识。孔子说："学而时习之，不亦说乎？"（《论语·学而》）意思是：学到知识，然后不断地去实践，不也是令人高兴的事情吗？我们现在说的"学习"其实只是学知识，也就是古人所说的"学"，并没有"习"，因为实践是一辈子的事，因此曾子有"任重而道远"的话。古人也叫"习学"，即实践所学，如《红楼梦》，王熙凤协理宁国府，跟丈夫假意抱怨："我苦辞了几回，太太又不容辞，倒反说我图受用，不肯习学了。"

诗人庞德把《论语》中的"学而时习之，不亦说乎"反用入诗："学习，而时间的白色翅膀飞走了，这并不是让人高兴的事。"（《诗章》第七十五）他认为"习"是白色的翅膀，其实是错误的。

"天雨粟，鬼夜哭"

　　"文"相当于独体字，"字"相当于合体字。有了文字，信息不仅在空间上可以向远方传递，在时间上也可以向后代流传了。"言之无文，行而不远"，就是说，说出去的话，如果没有文字记录，就不会传之久远。

　　据说文字产生之前，先民结绳记事，那是一种糊里糊涂的生活方式，传不了几天就忘记了，但忘记了也无所谓，顾得眼前便好。文字是记忆的延伸，有了文字，我们就会把前人的经验记下来传之后世。从积极的方面说，文字为我们留下了前辈的智慧；从消极的方面说，文字也让我们背上了沉重的包袱。如果没有文字，我们的记忆不会那么持久，我们的智慧与烦恼也不会那么多。老子说理想中的小国寡民，就是"结绳而用之"，回到单纯的时代。《淮南子·本经训》记载，仓颉造字时，"天雨粟，鬼夜哭"，表示对人类即将面对纷乱现实的同情。《旧约·创世记》云："上帝知道人的僭越已无法挽回，既然他具有了智慧，就应承担与智慧相称的责任。""天雨粟，鬼夜哭"有个版本"鬼"作"兔"，也就是"兔夜哭"，古人注解说，兔子知道人要写字

取像鳥跡始作文字
辩治百官領理萬衆

倉頡

◎仓颉（明朱天然《历代古人像赞》）

了，它的毛要被拔光做毛笔了。

古人认为文字是仓颉造的，但那毕竟是传说，文字工具不可能是一个人造的，那是集体智慧的体现。《荀子·解蔽》说："好书者众，而仓颉独传者，壹也。"他的意思是，文字是大家造的，之所以说仓颉造字，大概是他系统整理过文字的缘故，相当于国家文字委员会的头头。制造文字乃是有大功的人物，为了表示对仓颉的敬仰，大家神化了他，认为仓颉"四目"，这与认为"舜目重瞳"是一个道理，大约就是透视眼的样子。

现在依然有很多人想造字，以取代现行的汉字，那也是自我膨胀想被封神的缘故。这样的人笔者也见过不少，他们造的字，鬼看了不会哭，会笑。

"回"字的四种写法

  孔乙己知道"回"字有四种写法，并且认为这是学问。为了科普，这里把这四种写法写出来，分别是："回""囬""囘""囬"。其实"回"字的写法远不止四种，还有更多。并不是炫耀我们现代人比孔乙己学问大，只是说明在这种细微末节上下功夫，是没意义的。

  孔乙己说的这种情况是异体字或异写字现象，也就是一个字的不同写法，在任何情况下都能替换的文字。异体字是用字的冗余，只会给人带来麻烦。只是作为历史的遗留，研究文字的人不得不面对它而已。在交流层面，应该规范使用，将一些异体字进行规范。异体字的产生，或是造字方法的不同，比如"泪"与"淚"，一个是会意字，一个是形声字。或是侧重点的不同，比如女婿的"婿"，早期侧重他是个"士"，因此作"壻"，后来侧重他和女儿的关系，因此就变成了"婿"。或是造字理据不同，比如军事装备的大炮最早是发射石头的，因此作"砲"，后来发明了火药，这个字就写作"炮"。有时仅仅是偏旁摆放的位置不同，如"群"与"羣"。一个字会出现好多个异体字，如果把这些都记住的话会很劳神，也没必要。因此有文字规范，即在所有的字符中选取一个最通行的作为正字，其余的便不再流通，以方便人们的交流。

但现实中存在一些特殊现象，也是正常的。如"喆""哲"异体，"喆"字已经被规范掉了，好多年没人用，古书中也多用于人名，如王喆，也就是全真七子的老师王重阳。后来出现了个歌手陶喆，这个字因为出现率高，而被重新使用。再如"熔""镕"本是异体字，一个侧重火，一个侧重金，规范时取"熔"而弃"镕"，后来朱镕基出任总理，"镕"字的出现频率增高，但字库系统中没这个字，当时的处理方式是把"钅"和"容"拼起来，痕迹很明显，后来才造出简体字符"镕"。

因此，文字规范不是强制，而是出现这个现象之后，文字工作者去研究。近十几年，很多人给孩子取名，专选使用率不高的字，甚至去找所谓的"大师"，以示高雅。这样做除了给交流带来麻烦外，没有任何意义。但也是一种社会现象，谁都没理由制止它。

测字

　　汉字是表意文字，可以通过分析字形来判断一个字代表的词义。汉字分为独体字和合体字，合体字的构件可以拆分，这为别有用心的人提供了方便。

　　汉代有一种学问叫"别字"，就是拆字以附会谶纬学说。这种学问充斥于当时流行的纬书中，如《孝经援神契》记载，孔子修《春秋》、制《孝经》毕，告备于天。彩虹自天而降，化作黄玉，上书谶言云："宝文出，刘季握。卯金刀，在轸北。字禾子，天下服。"二十八宿轸为楚国之分野，轸北即楚国之北，也就是沛县，有个姓"卯金刀"（刘），字"禾子"（季）的人，即刘邦，拿着这个宝文，会统一天下。也就是说孔子早得到了上天的旨意，知道五百年后，姓刘名季的人要当皇帝。其实"刘"的繁体"劉"字被拆分为"卯金刀"是汉字隶变导致的，不用说孔子，就是小篆中的"刘"（劉），也不是"卯金刀"，孔子时代就更不是了，难道孔子看到的是汉代的隶书？很显然这是以今绳古，给当政者拍马屁的行为，因为汉代的皇帝姓刘。这样的文字拆分属于庸俗的文字学，其特点是不顾文字的系统性，把所有的字看作会意字，任意等同相似的文字构件，从而达到某种特定的目的。

这种错误拆解字形的风气迎合了人们的好奇心理，在历代的史书、笔记中大量存在。如纪昀的《阅微草堂笔记》记载了发生在他自己身上的一件事：乾隆三十三年（1768）秋，纪昀因为泄露国家机密而被隔离审查，看押他的一位董姓军官会测字，纪昀便写了个"董"字让他测。这个军官说，您将要被发配到千里之外，因为"董"俗拆作"千、里、艹"。纪昀又写了个"名"字，军官说，"名"字下面是"口"，上面是"外"的一半，您或许被发往"口外"，可能就是西域一带吧。纪昀问，还能否被赦归呢？军官说，"名"字有点像"君"，又有点像"召"，"君召"，看来是能回来的。纪昀问，那什么时候回来呢？军官说，"名"字下面的"口"是"四"字缺两笔，大概不足四年吧。果然，纪昀被发往乌鲁木齐军台效力，不久被召还，前后不及四年。其实"董"字从"艹""重"声，与"千里"毫无关系。"名"字从"口"从"夕"，与"君""召""四"也是风马牛不相及。

测字算命属于迷信，其中的猜测具有偶然性，但对那些不符合结果的猜测，大家采取了选择性遗忘，而记下了偶然猜对的部分，因此显得神奇，其实是一种幸存者偏差。这些把戏，现在的一些"大师"依然在玩，并以此牟利，比如算命、取名等。这样的行为，作为游戏可以，作为科学知识，是错误的。

有典有册

最早的文字载体是龟甲、兽骨或青铜器，即所谓甲骨文、金文。秦汉以后，书写在竹片、木片或丝帛上，古人叫"书于竹帛"，可看作书的雏形。竹片叫"简"，木片叫"牍"。

写字之前先把竹片烤干，烤的时候会有水珠渗出，就是"汗青"，把这些竹片烤干后，放到一起用刀削齐，这个过程就是"杀青"。一部书会用很多竹简，要卷起来，所以描述书的量词叫"卷"。书写得多了就费很多竹子，一个人做了很多坏事写也写不完，就叫"罄竹难书"，"罄"是用完的意思，这个词最早是用来说隋炀帝的，原文是："罄南山之竹，书罪无穷；决东海之波，流恶难尽。"（《旧唐书·李密传》）著述时，先把字写到竹简上，这就是为什么中国古书都是竖行的，中国汉字的特点（一个字就是一个词）决定了它可以竖着写。古代以右为上，所以写字从右向左，现在只有对联保持着这个习惯，报纸上竖行的排版也是这样的。有人说，中国古书文字竖排，读书人一边读一边点头，不断地认同古人。西方书文字横排，读书人一边读一边摇头，不断地推翻前人。

◎重庆涪陵博物馆藏东汉铜削

　　不小心写错了字，拿着小刀，轻轻地刮掉，重写，这个过程叫"刊"，"不刊之论"，就是不可更改的言论。那时的文人，一手拿刀一手拿笔，所以后人把政府机关的官吏称为"刀笔吏"或"刀笔"。在别人写的书上做出修订，要写在小的竹片上，叫"笺"，后来把小便条也叫"笺"，就是它的引申义。

　　写上字的竹、木简用熟牛皮系起来，或三道或两道，就是"册"，"册"的小篆字形䶒，像简牍捆扎。珍贵的"册"放几案上陈列，即"典"（奠）。捆扎简牍的牛皮叫"韦"，孔子晚年读《易经》，"韦编三绝"，就是把捆扎简牍的牛皮翻断了好多次。古人常说"经典"，"经"是织布的纵丝，这根丝决定一块布的长短，因此"经"引申有"恒常"的意思，"经典"就是永恒不变的典籍，它承载的是先人的智慧。

怎样"读"书

　　古代的孩子上学，八岁到十五岁是小学阶段，主要任务是识字，十五岁以上的大学阶段"离经辨志"，也就是将经典断句并了解其大意。古代的典籍没有标点，看书的时候，首先要断句，也就是韩愈《师说》所谓的"授之书而习其句读"。句读（dòu）的"句"与"勾"是同一个字，读书的时候，在该停顿的地方打勾，就是"句"，古人也叫"勾乙"，这个"乙"就是取其字形弯曲义。所以把一个表示完整意义的语段叫"句"。"读"就是停顿，后来用逗号的"逗"替代。所以"句读"就是给书加标点符号。看到好的文章，可以用红笔在字的旁边一直画圈儿或者点点儿，就像我们下划线表示重点，因此表扬好的文章叫"可圈可点"。

　　古书没有标点，只有一个字一个字地读才可能懂，因此说"一目十行"都是骗人的，真正的看书十目一行犹嫌不足，何况一目十行！我们常说"阅读"，《说文·门部》云："阅，具数于门中。""阅"的本义为在门中逐一清点，所以"阅兵"指的是一个个地查阅人数和兵器。"阅读"的意思也是一个字一个字地读，因此阅读本身就是个认真的

◎十八学士图　宋佚名

过程。古人也叫"观书"，"观"是仔细看的意思。快速阅读叫"浏览"，"览"繁体字作"覽"，从"監"从"見"，"監"甲骨文作，金文作，是人观察自己在水盆中的影像，所以"監"有自上向下察看之意，"监督""监察""太监"的"监"，都是察看之义。在"監"上加上一个"見"变成"覽"，强化其"看"的意义。从上向下看，很显然不会很细致，因此有"浏览"之说。"浏"是水流之义，浏览就是快速观看。民国时，有了新式标点，看书就方便多了，如果浏览，眼睛一滑就过去了。因此我们现在用了一个泛词叫"看"书。我们现在所谓的"读书"，古代叫"诵"，就是有声调的朗读。

书的历史

简牍很重，因此秦汉时期读书是论斤的，秦始皇每天读书一百二十一斤。东方朔上书汉武帝，用了三千片竹简，两个人才扛得起，武帝读了两个月才读完。我们说一个人"学富五车"，指的是简牍。其实按照现在的标准没多少，但那时就不得了了，因为那时本就没多少书。

因为简牍沉重，不可能随身携带。学习方式是口耳相传，老师背过，给学生讲述，学生背过，然后再传授下去，这个过程叫"传"。这就是为什么秦始皇焚书以后，我们现在依然可以看到先秦典籍的原因，因为烧得了竹简，但烧不了背过的知识。典型的例子就是《尚书》的流传，汉武帝搜求遗书，找到了秦朝的博士山东伏生，九十多岁的老博士把《尚书》背下来，交给了晁错和贾谊。老师教了《春秋》，姓左丘的人记下来叫《左传》，姓公羊的人记下来叫《公羊传》，姓穀梁的人记下来叫《穀梁传》。这就是中国的好多古书都没有作者的原因，因为一代一代传下来，谁都不能说是作者。现在知道的这些典籍的作者，往往是记录下来的那些人。

◎汉代竹简

汉代以后发明了纸，因为便于携带，所以很快便流行开来，极大地推动了文化发展。但当时书籍推广方式依然是背诵，或者是抄写，书依然很难得。苏轼说自己的儿子抄了一部《汉书》，如"穷儿暴富"。在纸上写了错字，改正时用雌黄，往上一涂，就盖住了错字，因此"信口雌黄"的意思就是说完马上就变，不负责任。雕版印刷极大地丰富了图书的复制，同时对抄书是一个毁灭性的打击。宋代很多人都在抵制雕版印刷，就像现在很多人抵制电子书一般。朱熹就说，现在人之所以读书不认真就是因为印本多了，大家不再抄书，因此印象不深。但大势所趋，无可奈何。此后，版本的时代到来了。雕版的版是枣木或者梨木，因为这两种木头比较硬，不容易毁坏，而且不那么贵。因此，谦称自己的书出版叫"祸灾枣梨"。

现在电子化的时代，纸质书受到了冲击，带着一个U盘什么都有了。

鱼雁传书

竹简写好后，如果要作为书信寄出去，就要卷起来用绳子捆上，这个过程叫"缄"，后人习惯在信封地址后署"某某缄"，就是这个原因。为防止被人拆看，缄封后，在绳子外面涂上一层泥，又在泥上面印上自己的印玺，然后在火上烤成砖一样硬。古代普通人的印也叫"玺"，后来秦始皇为了表示他的尊贵，规定只有皇帝的印信称为"玺"。书信也称"札"，"札"是短小的简。"简"后来假借作"柬"，我们现在的"请柬"依然在用这个字。信写好后，装入木函，就是木匣，函分上下两扇，纳书其中。因此，后世也把信称为"函"。

古代常常把通信叫"鱼雁往还"，这是一种附会。装信的木函多制成象征吉祥的鱼形，汉乐府《饮马长城窟行》

◎清代邮票，以鱼、雁为书信的标志

云："客从远方来，遗我双鲤鱼。呼儿烹鲤鱼，中有尺素书。"就是对这种习俗的附会。鱼的肚子里装入书信，时间一久就烂了。只有我们现代人的智慧，才能让海里的鱼吃很多塑料袋，古代还没有这样的高科技。后人也把书信称为"雁信"。据说西汉时，汉使苏武被匈奴拘留北海苦寒之地，对汉谎称苏武已死。汉使骗他们说，皇帝在上林苑射下一只大雁，雁足上系着苏武的帛书，其中说苏武未死，在某泽中。匈奴只得放苏武归汉。大雁又不是信鸽，是不能传信的，这种传说大概是对大雁作为候鸟有信用的比附。但无论怎样，我们用"鱼雁传书"来表达一种浪漫的写信行为。如果没有文字，这远方的信息可怎么传递？

克己复礼

"礼""乐"并称，都是秩序的体现。"礼"甲骨文作𧰨，从"珏"（双玉）从"壴"（鼓），即献玉、击钟鼓，供奉神灵，后来为了突出神灵，加上了"礻"旁。这个神灵并不是后世的崇神滥鬼，而是自然神，相当于自然界的规律，那时还没有人格神。敬重自然并不是迷信，而是我们的行为要受到自然规律的制约。

《荀子·大略》云："礼者，人之所履也。"这并不是说"礼"是"履"的意思，而是说"礼"得名于"履"，也就是礼之所以叫"礼"，是因为它是人们日常履行的东西。大概是周公曾经将这些礼节系统地做了归纳，因此叫作"周礼"，也就是周朝行为守则。这是孔子毕生追求的东西。"礼节"就是"以礼节之"的缩略，孔子讲"克己复礼"（《论语·颜渊》），意思是我们要约束自己，让自己的行为符合行为规范，这没有错。在"文革"时代，孔子受到批判，不是孔子错了，只是他被别有用心地误读了。

礼很重要的一点是内在的恭敬，而不仅仅是外在的表现，孔子曾感慨："礼云礼云，玉帛云乎哉！乐云乐云，钟

◎周公（明朱天然《历代古人像赞》）

鼓云乎哉！"（《论语·阳货》）他的意思是，礼、乐并不在于那些外在的形式，而是内心的恭敬，如果没有内心的恭敬，这些外在的形式有什么意义呢？在国际上，我们总标榜自己是"礼仪之邦"，但总被爆出国人违背社会良俗的丑陋现象。所谓的"礼仪"，就是文明社会的秩序，源于对人性的尊重，如果我们的行为不符合文明社会的规范，仅仅用跪拜、汉服这样的形式来体现，那不是与世界接轨，而是狭隘。

大音希声

　　现代汉语中"声音"是个并列复合词，"声""音"同义，但在古代"声""音"是有区别的，声是自然的声响，音是有节制的声响，传统所谓的"五声"：宫、商、角、徵、羽，就是我们现在音乐上的1、2、3、5、6，仅仅是这几个音高，如果没规律地发出来，就只是一系列杂乱的声响而已。当这些声响按照一定的顺序排列发出就成了"音"，这叫"声成文，谓之音"（《礼记·乐记》）。因此古汉语的"声"相当于现代汉语的"声音"，古汉语的"音"相当于现代汉语的"音乐"。老子说："大音希声。"即真正伟大的音乐其声响是简单的，这句话很好地说明了"声"与"音"的关系。尽管我们现在泯灭了"声""音"的区别，如说一个人五"音"不全，实际上是五"声"不全。但在专业领域，依然是有区别的，如音乐上说"发声练习"，不说"发音练习"。

　　这样看来，似乎"音"就是音乐，其实"音"和"乐"也是有区别的，"乐"的标准是"和"，也就是和谐，现在流行的"和谐"一词，最早就是音乐专用的，这个词的本字写作"龢龤"，《说文·龠部》："龢，调也。""龤，乐龢也。"就是各种声达到一种平和、协调的境界，也就是雅正。"音"的范围比"乐"大，二者的区别是"度"，乐要做到"怨而不怒，哀而不伤"，而音则包括一些放纵的因素。就像《笑傲江湖》里的衡山派刘正风瞧不起掌门"潇湘夜雨"莫大先生的胡琴，说他"一味凄苦，引人下泪""脱不了市井的味儿"。因此宁愿和魔教长老曲洋合奏《笑傲江湖》曲。在古代，让人痛哭和让人疯狂的都属于"音"而不属于"乐"，我们会说"噪声""噪音"，但是没有人说"噪乐"，因为"乐"不会躁。用这个标准衡量，现在的音乐大部分只能算是"音"的层面。声、音、乐有不同层次，因此，《礼记·乐记》云："知声而不知音者，禽兽是也；知音而不知乐者，众庶是也。唯君子为能知乐。"

　　一段音乐的结束叫一章，所以有"乐章"这个词。"章"由"音"和"十"组成，"十"表示圆满终结，所以"立早章"的说法是错误的。

礼崩乐坏

"乐"属于高层庙堂文化，具有教化功能，古有《乐经》，属于"六经"之一。音乐上的五声宫、商、角、徵、羽，是五个全音（1、2、3、5、6），加上两个半音，变徵（4）、变宫（7），共七个音。这七音是一个八度的自然音阶，没有音高，也就是没有定调。那音乐上的声调是怎么定的呢？用律、吕，音乐中把一个八度分为十二部分，叫"十二律"。制律之法，用十二根竹管，按照一定的规律（三分损益法）分为不同的长度，这十二根竹管上部齐平，下部依次变短，插入土中，以候地气之变。竹管中灌以苇膜烧成的灰，外面筑室密闭。冬至阳生，最长的竹管中的灰先被地气吹出，发出一个声，即黄钟之声。用这种声音来定调，相当于现代音乐的 C 调，这个时间就是子时，节气是冬至。其余以此类推，根据时节不同，分别发出黄钟（十一月）、大吕（十二月）、太簇（一月）、夹钟（二月）、姑洗（三月）、仲吕（四月）、蕤宾（五月）、林钟（六月）、夷则（七月）、南吕（八月）、无射（九月）、应钟（十月）这十二种声音，叫十二律，十二律又分阴、阳，奇数六律为阳律，叫"律"；偶数六律为阴律，叫"吕"。所以十二律又简称"律吕"，"律吕"与二十四节气关系密切，可调节阴阳，故称"律吕调阳"。后世将阳律第一律与阴律第一律放在一起，叫"黄钟大吕"，形容音乐或言辞庄严宏大。

音乐和地气密切相关，地气和人事密切相关，如果人的行为改变了气候，十二律自然就会紊乱。因此，如果不按照一定的律来奏乐，就不符合自然规律，是要出乱子的。所以"乐"也是秩序的体现，与"礼"相应，因此"礼乐"合称。天子、诸侯、大夫、士，不同的等级各有各的礼乐。春秋时期"礼崩乐坏"，诸侯不再遵守固有的礼乐制度。鲁国的权臣孟孙氏、叔孙氏、季孙氏三家经常僭越礼乐。他们在祭祖完毕撤去祭品时，令乐工唱《雍》这篇诗，这本是天子祭宗庙完毕撤去祭品时所唱。孔子说："《雍》中有言'相维辟公，天子穆穆'，这样的音乐怎么能出现在他们三家的堂上呢！"（《论语·八佾》）季氏曾用"八佾"的乐舞，一佾指一列八人，八佾八列六十四人，这是天子的规格。按制度，诸侯用六佾，卿大夫用四佾，士用二佾。季氏为正卿，当用四佾。因此，孔子说："是可忍也，孰不可忍也！"（《八佾》）意思是：这种事他都能做得出来，还有什么事做不出来呢！

靡靡之音

现代音乐和古代音乐最大的不同在于，现代的音乐用来释放自我，古代的音乐用来约束自我。《说文·琴部》："琴，禁也。"禁的是什么呢？自然是邪念。从"琴"的内涵就可以看出古代音乐的功用。《庄子·秋水》载，孔子在匡，宋人将他围起来，要抓捕他，孔子"弦歌不辍"，就是孔子用音乐来调整自己的内心。古代的音乐不是艺术，而是比艺术高得多的修养。当时的乐师都要熏瞎双目，来达到内心的平静，追求乐的极致。

《礼记·乐记》说，先王之制礼乐，不是为了口腹耳目之欲，而是为了让人"平好恶而反人道之正"。因此，魏文侯对子夏说："吾端冕而听古乐，则唯恐卧；听郑卫之音，则不知倦。""古乐"就是先王留下的制度，是高雅的庙堂之乐。"郑卫之音"是什么呢？春秋时期，郑国、卫国两个地方不守礼法，男女自由恋爱，这个地方的曲调被称为"郑卫之音"。魏文侯听先王之乐，生怕打瞌睡，但听郑卫之音时则不知疲倦。可见乐是个严肃的东西。

　　放纵的音乐也不是不能听，前提是听者要有相当的
"德"来平衡它，其实就是具有相当的自制力。师延为商纣
王作"靡靡之音"，商朝灭亡后，师延投濮水而死。春秋
时，卫灵公去晋国，宿于濮水，听到水中有音乐响起，就让
乐师记录下来。到了晋国，为晋平公演奏此曲，还未等演
奏完，晋国乐师师旷制止说，这种悲凉的曲调是清商之音，
听此种音乐，国家会受到削弱。但晋平公沉迷其中，坚持
要听完。一曲未终，风雨骤至，雷电击破房屋，震坏桌几。
此后，晋国大旱，赤地三年。(《韩非子·十过》)这个故
事说明，如果人的德行不足以驾驭放纵的旋律，就会把持
不定，从而沉溺，进而误国。听起来有些玄虚，但它传达
的意思是，不要沉溺于放纵的东西，从而忘记高尚的追求。
很多人自称喜欢音乐，其实既不"知音"，又不"好乐"，
只是喜欢放纵自我而已。

度量衡

　　春秋战国时期，各国制度不一，秦始皇统一中国后，将度、量、衡整齐划一，也就是确立长度（度）、容积（量）、重量（衡）的标准，为帝国的发展铺平了道路。度量衡至今与我们的生活息息相关，因此有必要探讨一下它们对我们的影响。

　　"度"指的是长度，上面是"庶"字的省略，表示声音，下面是"又"，"又"是手，小篆作彐，长度单位大都以人手为标准，"寸"（小篆作彐）是"又"加上一点的指事字，指的是手下动脉处，此处距手为一寸。古人认为，一般妇女手长八寸，即"咫"，十寸为尺，"寻"指的是正常男人伸出双臂的长度，为八尺，一倍于寻为"常"，因此有"寻常"这个双音词。"度"在长度的意义上引申有法度义，作动词读 duó，是度量之义。

　　"量"是容器，主要用于表示粮食的容积，盛粮食的器具是斗、斛、钟等，但平斗和尖斗是不一样的，因此需要一个器具把它抹平，这个器具是"概"，因此"概"引申有总的、大体的意思，如大概、梗概、一概这样的词。"节

◎晋尺

◎秦量

◎权

概""气概"指的就是有所不为。度和量因为有相似的功能，组合成了"度量"这个双音词，表示心胸。

"衡"是秤杆，这个意义上是"横"的假借，秤杆以平来称量物体，因此有平衡、衡量这样的双音词。和秤杆对应的是秤锤，秤锤叫"权"，"权"的本义是黄花木，称量义是"铨"的假借。秤锤的作用很重要，它可以起到平衡的作用，被称的物体重，秤锤向外移动，反之，则向里移动，因此有"权衡"之说。由于"权"有这样的功能，便引申指称政治上的强制力为"权力"。有权的人自然有威力，因此又有"权威"一词。当大家习惯于服从权力者的威风时，久而久之就会产生认同感，现代汉语中"权威"有"使信服的力量"的意思，比如"权威专家"，当然这是词义的转移，但转移的前提是对"权"的迷恋与信仰。

张弛有度

古代以弓箭为主要工具的打猎、作战、射礼都和人们的生活密切相关，留下了很多词汇，成了我们生活中的基本词汇。甲骨文"弓"作᠑，是个象形字，"弓"字旁的字大都和射猎有关。"弧"也是一种弓。较早的"括号"称为"括弓"，1951 年原中央人民政府出版总署《标点符号用法》将其定名为"括号"。

"张"的意思是给弓上弦，老子云："天之道，其犹张弓欤？高者抑之，下者举之。"自然之道，损有余以补不足，就像为弓上弦，为弓上弦时，弓是竖着的，先将下面的一头系上，然后将上面的一头向下压（高者抑之），地面的反弹力将下面的一头高举（下者举之），压弯后，将弓弦系在另一头，这就是张弓，因此有"紧张"之说。弓上弦之后就可以用，因此引申为开始义，比如"开张"。弓不用的时候，要把弓弦解下来，这个动作叫"弛"，因此"弛"引申有放松的意思。成语"改弦更张"意思就是重新为弓上弦。孔子云："张而不弛，文武弗能也；弛而不张，文武弗为也；一张一弛，文武之道也。"（《礼记·杂记》）用的是

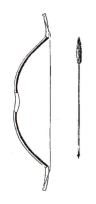

◎弓矢图（清纪鉴《贯虱心传》）

"张""弛"的本义。开弓叫"引"，因此引有"拉"的意思。我们办公室门把手上某一面写着一个"拉"（pull）字，这个字在日本就写作"引"。"强"是弓有力的意思，杜甫《前出塞》云："挽弓当挽强。"用的是其本义，后引申为强大之称。

"箭"又名"矢"，甲骨文作 𢎨，是个象形字。"矢"有正直之义，"矢志不渝"就是志向如矢而不变。因此，以矢为长短的标准，所以"短""矮"字从"矢"。"矫"是将竹拉直做箭的工具，因此有"矫正"之说。

毛泽东的《沁园春》词说成吉思汗"只识弯弓射大雕"，"弯弓"是什么意思呢？不是弯曲的弓，"弯"的意思是将箭搭在弓弦上。射箭叫"发"，"发"也是"弓"字旁。孟子说："君子引而不发，跃如也。"即君子教导别人当如射箭一样，拉开弓，却不发射，跃跃欲试，让人体会。

畋狩以礼

　　射猎最早是为田除害，故"田"有田猎之义，这个字也作"畋"。"豩"字，甲骨文作 ，就是豕中箭之形，豕就是野猪。《诗经·召南·驺虞》"壹发五豝（bā）"，即射中一群猪。《召南》有"野有死麕"，"麕"就是打猎打下的鹿。《小雅·吉日》："既张我弓，既挟我矢。发彼小豝，殪此大兕。以御宾客，且以酌醴。"（安好弓弦，拔出箭矢。射中小野猪，射死大野牛。以此招待宾客，并以此下酒）《礼记·王制》："无事而不田，曰不敬。田不以礼，曰暴天物。"无事而不进行打猎，为不敬。如果打猎不以礼，是不珍惜上天赐给的物品。

　　但打猎不是随意射箭，要有严格的规矩，猎物的死相很难看，是不行的。射猎分上杀、中杀、下杀："上杀"指的是猎物自左肋达于右肩，贯穿心脏，死得快，血流得少，肉质最好，可供祭祀；"中杀"指的是自猎物左肋达于右耳，死得稍迟，肉质不及上杀，可用来招待宾客；"下杀"指的是自猎物左髀（大腿）达于右肋，死得又稍迟，可留着自己食用。

　　打猎要按规矩驾车，"执辔如组，两骖如舞"（《诗

◎狩猎图 汉画像石

经·郑风·大叔于田》），即让猎物跑在自己的正右方。《小雅·车攻》云："不失其驰，舍矢如破。"（按照规矩奔驰，箭一放出便命中目的)《孟子·滕文公下》载，王良为赵简子的佞臣嬖奚驾车打猎，嬖奚一天都没获得一只猎物，便认为王良的车技很差。后来王良重新试验了一次，嬖奚一天获得了十只猎物，便认为王良是个好的驾车人。赵简子想让王良做嬖奚的专职驭者。王良不同意，他说："我按照驾车的规矩奔驰，他一只猎物都打不到；我违背规矩奔驰，他一日获得十只猎物。我不习惯给小人驾车。"这是一个驾车者的尊严。

古人打猎也是为了训练军队，曹操给孙权的战书中说"今治水军八十万众，方与将军会猎于吴"（《江表传》)，就是这样的意思。后来射猎演变为一种礼仪。

君子之争

射箭是古代的"六艺"之一，和驾车一样，是君子必备的技能。《礼记·射义》中详细记载了射礼的各种细节，可见古人对射礼的重视。

箭靶叫"侯"，甲骨文作 ，是箭射向箭靶之形。箭靶也叫"质"。箭靶的中心叫"的"，所以说"有的放矢"，荀子说："质的张而弓矢至焉。"（《劝学》）成为众人攻击的对象叫"众矢之的"。靶心也叫鹄（gǔ），因为鹄（天鹅）常为射猎之物，故画于靶心，以中者为胜出，后来干脆将靶心命名为鹄。后来，射侯上根据等级描绘出不同的图案：天子之侯画熊，诸侯之侯画麋，卿大夫之侯画虎豹，士之侯画鹿豕。射礼自天子至地方都有，射礼除了选拔人才之外，还有尊老之义。乡射与乡饮酒相联，为什么要举行乡饮酒呢？因为农忙之时，难免有弟弟使令哥哥、儿子使令父亲之事，在农闲时讲一讲孝道，让大家不要忘记孝悌之义。

射箭之前要心平体正，然后才能射中，如果射不中，要反问自己，是否没有达到内心的专一，也就是平时的修养不够。《礼记·中庸》说："射有似乎君子，失诸正鹄，反求

◎射礼 战国青铜器

诸其身。"因此射箭之争，争的不是胜负，展示的是一个人的修养。有修养的人不会嫉妒胜过自己的人。因此，孔子说君子不和别人争竞，一定要争竞的话，只有射箭。射礼，揖让登堂，射完下堂饮酒。这样的争竞是君子之争。(《论语·八佾》："君子无所争。必也，射乎！揖让而升，下而饮。其争也君子。")

　　"射"字甲骨文作，箭与弓组合在一起会意，金文作，在弓箭的基础上加上了一只手。后来受到儒家思想的影响，产生了讹变，成了，从"身"从"寸"，《说文》解释为"发于身而中于远"，"寸"指的是射箭要遵循法度，相当于孔子说的"其争也君子"。文字发展中这样的讹变叫理据重构。

网开一面

打猎除了用弓箭之外，还用网罟（gǔ）。网用来捕鸟兽，罟用来打鱼。"结绳以为网罟，以田以渔。"（《周易·系辞》）"网"是个象形字，在构字时变作"罒"，"罟"也是一种网。相似的有"罝"（jū）、"罦"（fú），"罝"为捕兔的网，《诗经·周南》有《兔罝》，"罦"为捕鸟网，施以机关，鸟踩到上面就会被翻到下面去。

尽管古人打猎技术炉火纯青，但对打猎时间以及工具有着严格的限制。春天不能打猎，因为这时是动物产崽的时候。不能杀怀孕的动物，不能去掏鸟蛋。打猎的时候不能把一群野兽围住全部获取，要放走小鹿。"不涸泽而渔，不焚林而猎"（《淮南子·主术训》），就是不能赶尽杀绝。打猎要在秋天，这时万物肃杀。打猎的时候，伴以放火，但昆虫尚未蛰伏的时候不能烧田。

下网捕兽，将网围住四面，人在中间驱赶，野兽四散，碰到网就被捉住。商汤看到属下这样围猎，认为太不人道，下令将四面的网去掉三面，只留下一面，然后祷祝："欲左者左，欲右者右，欲高者高，欲下者下，吾取其犯命者"

◎成汤（明朱天然《历代古人像赞》）

（《吕氏春秋·异用》）。意思是你们尽量跑，我就要那犯天命的。这就是"网开三面"的由来。远方诸国听说商汤仁爱，四十国先后来归附。后来我们说"网开一面"，较之商汤，已经"无德"了。打鱼的罟网孔不能太密，孟子所说的"数罟不入洿池"（《梁惠王上》），"数"读 cù，紧密的意思，数罟就是网眼太密的网，如果网眼太密，会把小鱼也捕捉上来。所以不能用"数罟"，一般为四寸（古代的寸小于现代的寸）。鱼不长一尺不能捕捉，即不要赶尽杀绝。

　　古人的这些规章也只是理想，实践中也并未完全实现。尽管如此，古人还是有所敬畏的。对待自然，我们似乎也应该网开一面，以便将来自然对我们也会温和些。

符瑞

　　"瑞"的本义是以玉作为信用的标志，瑞包括圭、璧、琮、璜、璋等，都是用以取信的礼器。祥瑞之义就是在信用意义上的引申。以圭为例，圭为天子所赐，从二"土"，是代天子守土的意思，为了表示它的材质，又造了"珪"这个异体字。公之圭九寸，侯、伯之圭七寸。"圭"的形状如同令箭，因此"圭角"一词表示锋芒有棱角，"初露圭角"指的是一个人刚刚展露才华。诸侯每三年朝觐天子，要带上圭，天子则拿出瑁，向圭上罩一下，以示查验。如果诸侯不合格，则天子留下所赐之圭，待其改正之后再行发还。如若不改，则要贬黜。《西游记》中，乌鸡国王交给唐僧作为表记的就是一个白玉圭。

　　圭的这种作用，在后世被符所替代，符指的是在玉器或金器上写上字或刻上符号，然后从中间分开，人各一半，以此为信。汉代用竹，因此"符"字从"竹"。比如用以发兵的铜虎符，将帅出兵带去一半，另一半留在朝廷。如果朝廷有令，要派人拿着符，与将帅手中的符相合，才能表示命令的真实性，因此，现代汉语中有"符合"这样的双

◎秦 阳陵虎符

音词。其作用相当于现在的骑缝章。战国时期，信陵君窃符救赵，就是让人把魏王的虎符偷出来，然后去军中矫诏发兵。与符作用相同的是"卪"（jié），后世多用"节"字，因此有"使节"的名称。"气节""节义""节操"的"节"便是这个意义的引申，都是信义的意思。

符与命令一致，因此引申有"信"的意思。神话传说中，常常有人拿着一道灵符，那个"符"也是招来神灵的标志。符进一步简化为一种观念的时候，就成了"符号"。比如语言就是一种符号，说出一个音，就能和一个事物结合到一起。这涉及人的认识与世界本质的结合问题，后来衍生出了符号学，就走到哲学领域了。

契约精神

契约的"契"本作"㓞"，甲骨文作㓞，是用刀刻画之形，后来强化其木质属性，加"木"旁，变作"栔"。古人大事定契约，因此在契约的意义上从"大"，变成了"契"。在雕刻意义上，强化工具，变成了"金"字旁的"锲"，如"锲而不舍"。"㓞""栔""契""锲"这几个字是同源通用的。

契用竹子或木头做成，分为左右两半，刻上齿痕，以便合齿验证。后来竹、木之外，用纸做的也叫"契"，介质并不重要，看重的是其信用之义。"契合"就是两个契相合，"默契"就是不出声的相合。与"契"同义的"券"也是"刀"旁，二者意思相同。"债券""国库券"和钞票一样，都是和民众的一种约定，如果不顾约定，随意加印，是不守信用的行为，会引起麻烦。契的作用是通过规则来约束双方，因此有"契约"之说，"约"的意思是用绳子缠束，契约就是用契的方式对人的行为进行约束。"契约"的双方都要保持一个诚信，因此《荀子·君道》说："合符节、别契券者，所以为信也。"《圣经》反复讲的也是个"约"。所

活
字
纪

198

◎獬豸

以遵守约定很重要。

那这个信用谁来掌管？通过道德制约肯定没用，只能通过立法。"法"小篆作𤳋，从"水""廌""去"，会意，水意味着公平，"廌"也叫"獬廌"，是一种可以辨别是非的独角兽，它会将无理的一方抵触回去，可以帮助法官辨别善恶。古人也知道司法光靠人是不管用的，因此加上一个信仰符号。"獬廌"也作"獬豸"，《西游记》里，观音菩萨的坐骑金毛犼，下界到麒麟山为妖，号称"赛太岁"。这么一个无恶不作的东西居然把洞穴命名为"獬豸洞"，用现在的话来说，就是打着公正旗号公然行恶。被打败后，菩萨护其短曰为朱紫国王"消灾"，遂公然将那畜生带回珞珈山享乐去了，下界众生只能无奈地说句"命中该有此一劫"，然后继续岁月静好地过日子。

钱的名称

和财物相关的文字大都是"贝"字旁，如贵、贱、财、贿、赂、赏、赐、资、赠、贺等，可以推测，商周时期，贝曾经用来做过货币，因此，现在还有"宝贝"这个词。货币的"币"（幣）本是布帛，曾经当过一般等价物，如《诗经·卫风·氓》"氓之蚩蚩，抱布贸丝"，也用作钱的代称。

汉代的钱有"金错刀""契刀"等名称，同时汉代刘氏天下有"宝文出，刘季握。卯金刀，在轸北。字禾子，天下服"（《孝经援神契》）的谶语，即刘季（刘邦）要做皇帝。王莽篡位后，忌惮这一点，因此把有"金""刀"字样的汉代钱币改为"货泉"，"泉"的意思是像泉水一样流布。由于"钱""泉"古音相同，后世用"钱"代替了"泉"来指称货币。实际上"钱"本义是农具，和 money 一点关系也没有。

自圆形方孔钱被秦始皇作为基本货币以来，它一直是传统社会货币的基本形态。货币本身是一种符号，它的磨损不会引起人们的介意，统治者利用货币的这一符号特点，在宋代创造了纸币，给流通带来了便利。纸币有一个名称是

◎汉代货泉

"钞票","钞"的本意是敛取，也就是这张纸可以敛取钱财。任何时代无论怎样美化自己的货币政策，也难以掩盖"钞"的最初含义。纸币也是一种符号，如前面所说，符号的作用是信用，所以纸币的背后一定要有一个强大的信用背景，不然每天印钱，无异于掠夺。从"票"得声的字都有"轻小"的内涵，如"飘""漂"等，"骠骑将军"的"骠"也作"嫖""僄"，就是轻骑将军，所以，钞票的"票"也是因为轻小而得名。

既然货币成为符号，那么民间就发明了冥币，反正只是个符号，也不犯法。三十年前的冥币，面额是五元、十元，现在已经上亿了，而且还是美元，这是多大的进步！据说最近中国的冥币"流通"到了国外，西方人认为这是中国的一种大发明，给它取了个名字叫"ancestor money"（祖先钱）。我一直纳闷的是，这样下去，冥界会不会通货膨胀？如果他们经济崩溃了，我们怎么帮他们渡过这个难关呢！

钱的量词

圆形方孔钱中间可以用绳子贯穿，叫"毌"（guàn），金文作𢍰，像贯穿两个贝壳的样子，小篆简化为毌，这个字的俗写就是"串"，后来加"贝"旁作"贯"。《史记·平准书》载，汉武帝时期，"京师之钱累巨万，贯朽而不可校"，也就是国库充盈，穿钱的绳子腐朽以至于不能计算了。"贯彻""贯通""鱼贯而入"中的"贯"都是贯穿义，把家乡称为"籍贯"，也就是与先祖的名籍相贯穿的意思。串钱的绳子叫"缗"，《红楼梦》里就有"省一抿（缗）子"的说法。"缗"也就是俗话所谓的"钱串子"，把只认钱的人称为"钻到钱眼儿里去了"，都和缗有关。蚰蜒善钻孔，且形状与缗相似，因此北方称蚰蜒为"钱串子"。穿起来的钱可以缠在腰里，因此有"盘缠"之称，古人也有"腰缠万贯"的理想。当然，"腰缠万贯"只是个理念，谁也不能带万贯钱还到处跑，后来发明了纸币就可以了，现代的银行卡就更不用说了，但那种财大气粗的感觉没了，这让"腰缠万贯"且爱炫耀的人多少有些失望，所以现在在火车上、飞机上经常能听到谈上百亿生意的人。

◎汉代五铢铜钱

　　钱的最小单位是"文"，"文"是"枚"的假借字，也就是一枚钱。明清时期，一般千文为一贯，相当于一两白银。人民币的基本单位是"元"，"元"的本字应该是"员"，"员"是"贝"字旁，意思是物数，也就是数目，比如"人员""官员""一员大将"等，用以指钱，最早指称银元，银元是圆的，所以又称为"圆"，后简化假借为"元"。民间俗称"块"，大概沿袭了古代散碎银子的量词"块"。"角"来源于"毫"，一毫是十分，百分是一元（银元），民间依然习惯称"毫"为"毛"。"分"太小，现在基本没人在乎了。"我在马路边捡到一分钱"的歌曲也改成"我在马路边捡到一元钱"了。

钱能通神

汉灵帝时，公开卖官鬻爵，崔烈输出五百万做了朝廷的司徒，位列三公。他本来是个名士，因此而声望大减。他问自己的儿子为什么这样。儿子说："论者嫌其铜臭"（《后汉书·崔寔传》）。意思是清议认为这里面有铜的味道。"铜臭"的"臭"（xiù）是本义气味，后人为了表示清高，读"chòu"。——据说，卖官后，汉灵帝后悔了，说早知道应该卖一千万。因此，晋代鲁褒《钱神论》记载当时的社会现实云："钱之所佑，吉无不利。何必读书，然后富贵？"（有钱的护佑，到哪里都是安全的。何必读书，然后才能获得地位呢？）现在社会上传为"美谈"的当年的学霸为学渣打工，依然是这种风气。当时人将钱"亲爱如兄，字曰孔方"，这便是"孔方兄"的由来。

钱还有一个名字叫"邓通"，邓通本是汉代人，没什么才能，只能"谨身以媚上"，而获得高位。但相面者说邓通会贫饿而死。汉文帝就将邓通家乡的矿山赐给他，让他铸钱，导致邓氏钱满天下。后来汉文帝生毒疮，邓通为之吮吸。文帝问："天下谁最爱我？"邓通说："应该是太子。"太子问疾，文帝使太子吮吸毒疮，太子面有难色。知道邓通吮痈，便心生恨意。文帝崩，太子继位，即景帝。景帝将邓通所有财富没入官产，让他"不得名一钱"（《史记·佞幸列传》），终以贫饿死。

钱还被称为"青蚨"，汉代的《淮南万毕术》记载，青蚨长得像蝉，抓一些青蚨，放在罐子里，埋到东面的墙阴下，三天后打开。这样会让青蚨母子不分离。把青蚨母的血涂到八十一个钱上，再把青蚨子的血涂到八十一个钱上，然后拿着这些钱去消费，不管花哪一部分，花出去的钱都会自己回来。只是你的钱回来了，别人怎么办呢？这反映了人的自私心理。还有，你的子母钱花出去了，剩下的会不会被花出去的钱招走呢？这样的故事说明在利益面前，人是盲目的。

老有所养

老，甲骨文作🔲，是一个长发老人弯腰手扶拐杖的样子，"长"甲骨文作🔲，也是长发老人手执拐杖之形，后来省去了拐杖作🔲。"长"在年老的意义上引申为尊长之义，在头发长的意义上引申有长短义。

"孝"字上面的部分是"老"字的省文，下面是"子"，是一个孩子搀扶老人之形，金文作🔲。《说文·老部》："孝，善事父母者。"汉代重视孝道，所以汉代的皇帝在谥号前加一个"孝"字，如孝惠帝、孝文帝、孝景帝。甚至汉末张角作乱时，侍中向栩献计，国家不必兴兵，使人在黄河边北向读《孝经》，贼兵自解。（《后汉书·独行列传》）唐明皇不惜放下身段，亲自注《孝经》，因为他们看到，"孝"后面跟着的是一个"顺"。

孝的本质是源于内心的"敬"，孔子说："今之孝者，是谓能养。至于犬马皆能有养；不敬，何以别乎？"（《论语·为政》）意思是，现在大家说的孝，指的是能养活父母，但犬马也能得到饲养，如果不敬父母，养他们和养犬马有什么区别呢？说明在孔子的时代就有人仅追求外在的形式了。

◎郭巨埋儿 湖北襄阳贾家冲南北朝墓画像砖

汉代就出现过"察孝廉，父别居"（《抱朴子·审举》）的现象。现在的敬老院民间多呼为"养老院"，大概就反映了类似的问题。没有敬，只有养的晚年生活，是毫无质量的。

"孝"产生的社会根源，大约是在农业社会，物质资料匮乏，农民生活没有保障，尤其是晚年，没有生活来源，只好把希望寄托在儿子身上，因此才有了"养儿防老"的观念。但那个儿子也没有保障，自己养家犹有不足，很多时候根本没能力孝敬父母。那么责任在谁呢？

"死"的说法

　　我们的文化中，缺乏死亡教育，因此提到这个词，会感到很恐怖。其实这是一个自然的过程，谁都要面对。

　　"死"从"歺"（è）从"人"，甲骨文作𣉩，像一个人跪着面对一块残骨之形，"歺"的意思是分解骨肉后所剩下的残骨，是"冎"（𩨒）字的一半，"冎"的意思是分解人肉，而弃置其骨，也就是千刀万剐的"剐"字。因此，"歺"旁的字（在文字中作"歹"）都和死相关，如"残""殂""殃""殄""歼""殚"等。

　　死是个难以面对的问题，因此古人提到"死"总是充满了恐惧，于是有委婉语，就像现在说到某人死了，也会有委婉语，如"过去了"。古代叫"丧"，"丧"本是逃亡、离开义，晋公子重耳流离十几年，说自己"身丧"，鲁昭公逃亡时自称"丧人"，其中的"丧"都是逃亡。"丧"引申有离开之义，死也是一种离开，因此将"丧"作为死的委婉代称。和"死"经常一起出现的词是"亡"，"亡"本义是逃亡，古汉语中说到"死亡"指的是死去和流亡，如《礼记·中庸》云："事死如事生，事亡如事存。"和"死"相对的是"生"，和"亡"相对的是"存"，也就是存活下来没逃走的。孟子说的"凶年免于死亡"，意思是灾荒之年避免饿死和流离失所，由于"死""亡"经常一起出现，因此"亡"也被感染上了死的意思，先秦时期说到"亡人"都是逃亡之义。汉代以后才有了死人的意思。《西游记》里，猪八戒骂街常说"亡人"，则是"死鬼"的意思了。

在等级社会中，即使是"死"的叫法，也有等级，如《礼记·曲礼下》云："天子死曰崩，诸侯曰薨，大夫曰卒，士曰不禄，庶人曰死。""崩"指的是山崩，动静很大。"薨"的意思是薨然倒塌之声。"卒"是结束的意思。"不禄"就是不再接受国家的俸禄。庶人没有地位，因此叫"死"。

殡

人的正常死亡，是躺在屋内牖下，也就是南窗下，几个人扶着将死者的四肢，将丝绵放在其口鼻处，叫"属纩"，以察觉是否还有呼吸，因此将弥留之际叫"属纩之际"。曾子临终，大家在身边侍奉。仆童在墙角悄悄地说，先生的席子真漂亮，这是大夫才能享用的吧。别人马上制止他，但曾子还是听到了。他说，这是季孙氏的赏赐，我没来得及换下。于是他让儿子扶起他更换席子，儿子说，您病重，不能移动，明天一早再换吧。曾子说，你不如这个小童爱我啊，君子爱人，是造就一个人的德行；小人爱人，是姑息迁就他的错误。大家扶起曾子，再把他扶到普通的席子上，还没有躺好就咽气了。席子叫"箦"（zé），因此将人去世叫"易箦"。所以事业心强的人常以"老死牖下"为憾，陆游说："白首不侯非所恨，咿嘤床箦死堪羞。"（《枕上述梦》）

人死后，给尸体洗浴、饭含，饭含指的是给尸体口中放上玉，有益于尸身的保护。死之后三日小殓，就是给死者穿衣服，"殓"是"敛"的分化字，收敛义。之所以三日后才小殓，是因为死者可能会活过来，以防万一。五日大殓，即装入棺材。空棺叫"棺"，装上死者便叫"柩"，为了神化它，叫"灵柩"。大殓之后要"殡"，即将灵柩停放在西阶上，西阶是客人走的阶。传统中国人认为，对待死人如同对待活人一样，即"事死如事生"，人死了，是去另外一个地方，因此要像宾客一样对待他，因此，这个行为叫"殡"。"殡"的时间根据死者的身份而有不同，这期间，会有很多人来吊问。"殡"结束后，就要辞祖庙出殡，安葬。下葬时，有棺有椁，椁是外棺，棺椁之间放上随葬品。根据死者身份不同，死者棺椁的层数不同。

下葬后，归来做木主（牌位），放入太庙，从此成为列祖列宗之一。

坟墓

上古质朴，人死后扔进沟壑之中了事。时间久了，就会被动物所食。因此，古人谦称自己死亡为"填沟壑"，如触龙将小儿子托付给赵太后时说："愿及未填沟壑而托之。"（《战国策·赵策》）后来孝子不忍心见到这种现象，就拿着弹弓来防守，以驱赶野兽，他的亲属也帮着孝子这样做，于是就有了"弔"（吊）字，小篆作𠊒，是人手持弓的意象，因此"吊"引申有慰问的意思，"吊丧"意思就是慰问死者家属。

后来大家想到了埋葬，《礼记·檀弓》云："葬也者，藏也。"也就是把尸体藏起来，不要被野兽侵害。最早是给尸体裹上厚厚的草埋掉，即《周易·系辞下》所谓"厚衣之以薪，葬之中野"，因此"葬"（𦷣）字中间是"死"，上下都是"艸"（草）。这是一种很简单的处理方式。最早的埋葬也没有封土，埋得和地面一样平，时间久了，便找不到了。孔子是孤儿，长大后不知道父亲的墓地在何处，便是这种葬俗导致的。这叫"墓而不坟","坟"的本义是土堆,屈原在《哀郢》中说:"登大坟以远望兮。"如果是坟墓,他这样做是不符合常理的。由于时代的发展,从春秋晚期开始,墓葬方式发生了变化,有了封土,此后这个习俗沿袭了下来,而且愈演愈烈,有人干脆到山上去埋,因此叫"陵",现在还叫"陵园"呢。后来越来越花样翻新,不仅坟墓越来越大,里面的随葬品也越来越多。由此滋生了一个"道高一尺,魔高一丈"的职业——盗墓。

埋葬前,掘地挖坑时,会有泉水渗出,因为土色为黄,因此下葬处称为"黄泉"。郑庄公与母亲不合,发誓说:"不及黄泉,毋相见也。"(《左传·隐公元年》)意思是死也不想见你。但后来考虑到政治影响,还是后悔了。但又不能食言,于是命人造了地宫,挖出泉水,在那里把母亲接了出来。这是典型的偷换概念,也是典型的政治家的手段。

鬼来了

人都要死的，那是人的归属，因此人们给这个归属取了个名字叫"鬼"，"鬼者，归也"。"鬼"是一种存在状态，一种"气"，这个气就是"魂魄"。人死之后，魂归于天，魄归于地，这个"气"不会马上消散，要找一个附着，因此需要祭祀，以安定鬼，于是生者建宗庙祭祀祖先之鬼。那随着时间的推移，鬼越来越多，宗庙盛不下怎么办？"鬼"这种气随着时间的推移，会越来越小，最终消散。也就是《左传》所说的"新鬼大，故鬼小"。不存在阴间盛不下的问题。这样一来，不仅解决了鬼的住所问题，还消解了生者的担忧。

传统中国信仰中的"鬼"不是一个恐怖的形象，也没有鬼的世界，那都是佛教进来后发展的。但如果人横死，尚能依附于人，以为淫厉，就是所谓的"厉鬼"。"鬼"之所以为厉，是因为他们的魂魄不安，无所归往。有了祭祀，便能安定下来。郑国的卿相伯有在权势之争中被杀，死后为厉，有人梦到伯有身穿铠甲，说："今年某日，我要杀死攻打我的驷带；明年某日，我要杀死驷带的同党公孙段。"

果然，某日驷带死，第二年公孙段死。与伯有所言一致。郑国陷入大恐慌，人们一听到"伯有来了"，便避之唯恐不及，为后世留下了"相惊伯有"的成语。后来大夫子产立伯有之子为大夫，其子做了大夫，他便得以祭祀，其鬼得到了归属，便不再为厉。有些能力强大的人，数代其鬼都不会消失，晋景公曾听信谗言，杀了名臣赵盾的后人赵同和赵括，两年后，晋景公病重，梦到赵同和赵括的祖上之鬼来复仇，"披发及地"，冲进了卧室。晋景公惊醒后，召桑田巫解梦。桑田巫说："您吃不上今年的新粮食了。"晋景公不信，六月，召人献上刚收成的小麦，要吃给桑田巫看。刚要吃，觉得肚子胀，赶紧去厕所，到了厕所就掉到粪坑淹死了。厉鬼令人畏惧，"畏"的甲骨文作𤰶，是鬼手中执杖之形，是畏惧义。

古籍上记载的"鬼"，大部分是一种心理作用，心中不安的人，就怕鬼。鬼来了，不管怎样，发泄一通，活人就安定了。有没有鬼，谁知道呢？总之，不作恶，心中安定，临事就会踏实些。《倚天屠龙记》中，张无忌问空闻和尚，人死之后，是否真有鬼魂？空闻说，幽冥之事，实所难言。张无忌说，那你们为什么虔诚行法，超度幽魂？空闻和尚说："幽魂不须超度……佛家行法，乃在求生人心之所安，超度的乃是活人。"善哉！善哉！

宗庙

宗庙中祭祀的是祖先的鬼，也就是祖先的魂灵。“宗”甲骨文作，像房屋中有神主（牌位）之形，同宗就是同一个祖先。祖先的“祖”，甲骨文作，有人说像男性生殖器，因此有生殖之义，有人说像祭祀的牌位。总之是被尊重的形象。在宗庙中可以想到祖先的容貌，因此称为“庙”（“庙”“貌”古音同）。现代汉语中“寺庙”指称和尚的居所，实际上，“寺”“庙”最初毫无关系，汉明帝时期，印度高僧以白马驮经来到中国，汉明帝安排他们在负责外宾、朝会仪节的官署“鸿胪寺”暂住。次年为之建僧院，为纪念白马，又纪念鸿胪寺，因此称为“白马寺”。后来，“寺”成为僧人居所的泛称。“寺”“庙”之所以连在一起，应该是二者都有祭祀功能的缘故。

每个祖先都会有一座宗庙，时间久了，会有很多先祖的宗庙。始祖之主居中，以下两侧的宗庙依左昭右穆排列，左昭右穆，父为昭，子为穆，子之子复为昭，其下又为穆。（兄弟传位者，也按照这个顺序）祖父与孙在同一行列。随着时代的发展，祖先的神主会越积越多，难以安置。因此祖庙累积至一定数量，就要迁出一部分，将迁出的远祖放置到迁庙，另行祭祀，这叫"祧"，但始祖（太祖）年代再远也不会迁移，因此叫"不祧之祖"。据等级不同，"祧"之后，祭祀祖先数量有等差：天子七庙，三昭三穆，与太祖之庙共七个；诸侯五庙，二昭二穆，与太祖之庙共五个；大夫三庙，一昭一穆，与太祖之庙共三个；士一庙；普通人在自家祭祀。

　　天子诸侯离开朝廷作战或外交，有辞告之礼，先至未迁庙祖先处，以币帛祭祀，将祭祀所用的币帛载于车同行，然后至迁庙辞行，将迁祖的神主置于车同行，以示奉祖先之命出行。因为庙不可空，因此不请未迁庙的先祖神主。回来时，先至迁庙，放置先祖神主，次至未迁庙祭祀。这就是《礼记·曲礼上》所说的"出必告，反必面"。人死后，下葬之前，以车载灵柩辞祖庙，是"视死如视生"之义。

胙肉

祭祀伴随了中国人几千年，无论节令、忌日、朝会都会有各种等次的祭祀。"祭"的甲骨文作㲋，是手持肉之形，旁边的点是血滴，后来增加了"示"旁，以神化之，作㝎，小篆作祭，保持了甲骨文的构意。《论语·八佾》说："祭如在。"意思是祭祀的时候，就如同被祭祀的神在场一样虔敬。一旦沦为形式，就毫无意义了。

祭祀所用的肉叫"胙"，用作胙肉的牲畜包括牛、羊、猪，这些动物叫"牺牲"，其毛色要纯，身体要完整，不能有伤。"牺牲"的本义是祭品，后引申为了崇高的事业去死。牛、羊、猪三牲具备叫"太牢"，少其中的牛叫"少牢"。"牢"的本义是牲口的圈，如"亡羊补牢"，引申有牲口之义。祭祀完的胙肉，要分给宗室和重要的卿大夫。由于祖先之神享用，便能赐福于子孙，于是"胙"引申有福的意思。春秋时期，齐桓公举行葵丘会盟，确立了霸主地位。周襄王派使者赐齐桓公胙肉，且赐免下拜之礼，但齐桓公以老迈之身，坚持行礼。《左传·僖公九年》的记载是："下（下盟坛），拜（跪拜），登（上盟坛），受（受胙）。"可见贵族

◎明《孔子圣迹图》之《汉高祀鲁》

对胙肉的重视。

胙肉是一种身份的象征，鲁国当政者季桓子沉迷女乐，且郊祀后没把胙肉分给大夫，孔子愤而辞职出走，以五十六岁的高龄开始了周游列国的艰难跋涉。孔子不知道的是，他一生恓恓惶惶，死后却被历代统治者利用，祭以王侯之礼，以至于一些道学家一心想着死后配享孔庙，讽刺性的说法是"想吃冷猪肉"。祭祀孔子的胙肉也要按身份分发，一班腐儒便去争抢，明代的《解愠编》有《秀才抢胙歌》："祭丁了，天将晓。殿门关，闹吵吵。抢猪肠的，你长我短。分胙肉的，你多我少。……抢多的，喜胜登科。空手的，呼天乱跳。……孔子喟然叹曰：'我也曾在陈绝粮，从不见这班饿鸟。'"像极了现在的某些圈儿。

不肖子孙

祖先神灵在宗庙中叫"主",是神灵的依托。"主"字甲骨文作𝕀,又简化作𝕀,像牌位之形。"主"与"示"本是一个字,后来产生了职能的分化,"主"仅作神主之用,神主是祖先神灵的寄托,因此"主"引申有主人、首领、主要之义。"示"的构字能力很强,被归纳为部首,"示"字旁表示与神灵相关的意思,一是神灵,一是祭祀。"示"在小篆中作𝕀,《说文》对它进行了理据重构,认为"示"上面的部分"二"是"上"字的古文,代表上天,下面的三笔,是日、月、星三光,"示"的意思是"天垂象见吉凶,所以示人",这是根据"示"旁的字体现的意思总结出来的。"示"作为偏旁时,由于避让原则,作"礻",初学写字者常常与"衣"旁的"衤"混淆,其实弄明白了它们的来源,就不会混淆了。

祭祀时,人们会在死者的孙辈中选取一个与祖先容貌相似的人,代替祖先来做受祭人,这是一种尊荣。后辈与祖先相似符合遗传学原理,即使外表不相似,也能够通过修养达到气质相似。与祖先容貌相似叫"肖",《说文·肉部》:

"肖，骨肉相似也。"如果孙辈与祖先不相似，则称为"不肖子孙"。现代汉语中"肖像"这个词中的"肖"依然是相似之义。这个受祭人叫"尸"，是祭祀时代替祖先的受祭人，这个"尸"不是尸体，尸体的"尸"繁体作"屍"。（"尸"甲骨文作𝘼，是人的侧面之形，汉字中"尸"旁的字，都是这个意思）不然看到《小雅》中的"皇尸载起"（大尸告起身），还以为诈尸呢。"尸"占据祖先的位置，因此引申有占据的意思，成语"尸位素餐"意思就是占据着一个位置吃白饭。

始作俑者

　　君主死后有人陪葬叫殉葬，"殉"就是杀人并布满四周，如秦穆公死后，遗命秦国的"三良"殉葬，秦人歌《黄鸟》之诗，以表示遗憾，有"如可赎兮，人百其身"（如果能替代啊，大家愿意用一百个人去赎他一个）的哀叹。《左传·宣公十五年》载，晋国魏武子有一个宠妾，魏武子生病时说："我死后让她改嫁。"临终却对儿子魏颗说："我死后要让她殉葬。"魏武子死后，魏颗没有听从父命，而是让妾改嫁了。后来晋与秦作战，魏颗领兵，见有一个老人将草结起来，对抗秦将杜回，杜回因此而跌倒被擒。魏颗晚上梦到老人托梦，我是你父亲遗妾之父，今天以此来报答你。这就是"结草"报恩的由来。可见殉葬是不得人心的。后来"殉职""殉道""殉节"都是为某事而死的意思，历代都受到高度赞赏，但庄子说"小人则以身殉利，士则以身殉名"，在庄子看来，天下尽殉名与利，本质上没什么高尚与否。

　　比用人殉葬次一级的是用物殉葬，即埋葬大量珍宝，以为死后继续享用。这很自然地催生了盗墓这个"职业"。尽管历代严禁，但即使皇帝都不能幸免。平时没人

◎木俑 湖南长沙马王堆汉墓

敢动"长陵一抔土",到一定的地步,不但动了土,甚至出现"污辱吕后尸"的惨状。并不是谁都有资格让人和珍宝殉葬,于是先民用草做成人马等物随葬,略具形状,叫"刍灵"。后来有聪明人发明了"俑","俑"是"偶"的假借,偶就是木偶,和真人一样,比如"兵马俑"意思就是兵马的偶。孔子认为这是对人的不尊重,因此说:"始作俑者,其无后乎。"(《孟子·梁惠王上》)孔子的意思是,根据"天道无亲,常与善人"的标准,"始作俑者"是不仁道的,他应该不会有后人。后来"始作俑者"用来指称干坏事的开端之人。现在很多人将某事的开端者称为"始作俑者",是不了解这个词的用法导致的。孔子毕竟善良,他不知道,很多始作俑者不但有"后",而且很多人前仆后继争着给他当儿孙呢!

物

自然万物

华夏——国人的自恋情结

中原地区叫"华夏"，华夏之外叫"四海"，这个"四海"并不是四面皆海，因为大家都能看得到，我们的北边和西边很显然不是海，那"四海"的意思是什么呢？意思是四方之人晦暗无知，"海"是"晦"的假借字。那四方之人是些什么人呢？笼统地说叫"蛮夷"，具体地说，东夷、西戎、南蛮、北狄、东北貉、西北羌、西南蜀、东南闽。这八方的少数民族名称用字，除了"夷""戎"外，都是动物偏旁，"蛮""闽"从"虫"（huǐ），指的是蝮蛇；"狄"从"犬"；"貉"从"豸"，长身之兽；"羌"从"羊"；"蜀"从"虫"，指的是蚕。《说文》解释这些少数民族，如狄，犬种也；羌，羊种也。似乎是对四方少数民族的蔑称，但仔细分析不难看出，大概是因为这些少数民族以这些动物作为图腾，才有了华夏民族对他们的概括，起初并不是蔑称。"夷"从"大"从"弓"，是人背负弓箭之形；"戎"（𢦦）从"甲"从"戈"，亦为征伐之义。如此一来，只有中原的华夏才是好的了。中原地区称"夏"，《说文·夊部》："夏，中国之人也。""夏"字的小篆𦥛，上面是个"页"字，也就是头部，中间是"臼"（jú），两手叉腰，下面是"夊"（suī），两条大长腿。这个字很显然是一个昂首叉腰的大人形象。后来大家觉得这样不足以显示中原民族的伟大，就加了个"华"，"华"就是古"花"字，"华夏"的意思是我们中原大人美得像花儿一样。

但四方的少数民族从未完全臣服于中原，尤其是北方的少数民族（后来他们被统称为"胡人"），他们将自视甚高的汉人一次次赶到南方。这些失败的中原人，重新收拾散落一地的自信，在南方昂起骄傲的头颅，依然在心理上蔑视胡人，比如听不懂的话叫"胡说""胡搅蛮缠"，任意妄为叫"蛮干"，大概都是这种文化的遗留。这种精神胜利法，伴随了中原文明多年。在一次次的民族融合中，华夏民族形成了自己的图腾"龙"。龙这个东西，大家都没见过，其实就是各民族图腾的一次重组，比如马首、蛇身、鱼鳞、鹿角、鹰爪等。但仔细想想不难发现，龙的身上有多少元素是中原人士主动地放下身段而增加的，大部分是被动的改造吧！这个张牙舞爪的怪兽被认为是汉族的图腾后，又一次身价倍增，被装饰在各种高档场合。于是，我们又胜利了！

数千年来中国人就在这种自我中心的自恋中成长，大家在周围，我们自然在中间了。以至于明代第一份世界地图来到中国，为了让中国人接受，特意将中国放在中间，饶是如此，也足以让"华夏"人花容失色了。其实，所谓的"爱国"不是关上门自恋，更不是不加分析地抵制洋货，而是要丢掉自身那些自以为是的狭隘，融入世界文明。

年——一个崭新的开始

　　"年"是农业社会的重要节点，甲骨文的"年"字作ᵋ，下面一个"人"，上面是个"禾"，即人背负庄稼之象，取收成之义。现代汉语中的"年成""年景""丰年"，其中的"年"都保留着本义。上古时期，不同时代或称"岁"，或称"祀"，或称"载"。周代称"年"，用的就是每年稻谷收成一次之义。

　　正月是一年之首，正月的"正"本来读"zhèng"，秦始皇诏令天下读"zhēng"以避其名讳"政"。但正月未必是一月，夏、商、周三代历法不同，夏代以寅月（一月）为岁首，为正月。商代以丑月为正月，即夏代的十二月。周代以子月为正月，即夏代的十一月。夏、商、周三代的正月不同，称为"三正"。每次改朝换代都要改变岁首正月，以示不同，叫"改正"。汉代史学家认为历史的发展是"三正"循环，汉代认为自己承接周代，因此用夏正，即以一月为岁首。此后，历代沿袭，均以一月为岁首，改朝代也不再改正，一直沿袭到现在，所以我们的历法也叫"夏历"。改朝换代，除了改"正"之外，还要改"朔"，"朔"指的

活
字
纪

228

是每月第一天。每月第一天的开始，不同的时代也有不同的时刻，周夜半（23—1点）、殷鸡鸣（1—3点）、夏平旦（3—5点）。改正朔，意味着天命所归，重新开始。

"正朔"的重要意义不仅体现时代变化，更在于对农业社会的指导意义。农耕时代，人们的生活如播种、耕种、收成等与节气、节候密切相关。天子每年末要颁布历法给诸侯，诸侯藏于太庙，每月初一都要到太庙杀羊祭祀，将本月的历法取出，颁布全国，也就是"月令"，表示听政的开始。这个行为叫"视朔""告朔"。春秋时期，诸侯对天子的正朔已不再奉行，包括孔子所在的鲁国国君已经好久不视朔，子贡就想去掉告朔所用的羊，孔子不同意，说："尔爱其羊，我爱其礼。"（你吝啬那只羊，我却珍惜这份礼法。——《论语·八佾》）故《春秋》于每年初首书"春，王正月"，体现了孔子对周礼的尊崇。

现在尽管"正朔"的历史意义早已消失，但对正月、初一朔日的重视，反映了农业社会的基本需求。"年"的意义在于它是一个新的开始，人们把希望都寄托在一年之首，其中包含了芸芸众生的期盼，虽是一粥一饭的卑微，却蕴含了绵绵不绝的天地元气。

日出之光

"日"甲骨文作⊖，是个象形字，中间的一横或一点，用写意的方式表示里面是充实的。《山海经》载，太阳在扶桑之上，由三足乌背着飞上天空，因此说日落为"金乌西坠"。于是有人附会说"日"字里面的一笔是三足乌。清代的王筠说里面的黑点是黑影，是阳中之阴。以至于现代有人说那是太阳黑子，说明我们的古人很早就有了科学意识，这就有点痴人说梦了。

太阳初升，所登的树木叫"叒"（ruò），就是扶桑，唐代李峤《日》诗云："旦出扶桑路，遥升若木枝。"《说文》中"桑"不入《木部》，而入《叒部》，就是为了神化它的作用。日本以前叫"扶桑"，后改"日本"，并取日出之象，日本给隋炀帝的国书上写着"日出处天子致书日没处天子"（《隋书·东夷传》）。"杲"（gǎo）是太阳升到树上，意为日出的样子，《诗经》有"杲杲出日"之说。"杳"则是太阳完全落到树下，表示完全看不到，因此说"杳无音讯""杳冥"。太阳将落未落叫"莫"，小篆作莫，上下都是"艸"（草），中间是太阳，太阳落到了草丛中，是傍晚之义，也就是"暮"的

◎太阳 山东省枣庄市山亭区西集镇出土东汉画像石

本字。后来"莫"被假借用作否定副词"不"的意思，于是为了强化"莫"的傍晚义，又给它加了一个"日"字旁，变为"暮"。因此"莫"与"暮"属于古今字的关系。李煜《浪淘沙》词云："独自莫凭栏。""莫"理解为不，就是一个人不要凭栏远眺，那会让人想起很多伤心的往事。但"莫"也可以理解为它的本义日暮，那就是：傍晚时，独自一人凭栏远眺，无限感慨。两者的意境是不一样的。

　　古人分阴阳，日为极阳，因此叫"太阳"，就是至阳，月亮则相应地叫"太阴"。地球绕太阳运行一周为一个恒星日，也就是一昼夜。但古人认为是太阳运动造成的，因此将有太阳的时间也就是白昼称为"日"。因此有"日子"之说。

月出皎兮

"月"是象形字，甲骨文作 ☽，月亮给人的印象，大部分时间是缺的，因此月得名于缺，《说文·月部》云："月，缺也。"初一日叫"朔"，即月亮开始复苏。十五日为"望"，即日月相望之义，没有了地球在中间，因此月亮是圆的。"晦"是三十日，月无光，按道理应该是"月"字旁，之所以选择了"日"字旁，是因为那是太阳把光反射给月亮的缘故。

"月"字旁的字很少，因为晚上人类的活动少。因为晚上黑暗，月光成为光明的来源。"明"字并不是从"日"从"月"，而是从"囧"（jiǒng）从"月"，小篆作 ㄇ，"囧"是窗户，象形字。"明"的意思是月光从窗户中照射进来。历史上，"明"有"朙""眀"等不同的写法，都是古文字的遗留。"閒"字从"门"从"月"，月光从门缝中照射进来，是缝隙的意思，后来变成了"间"。我们说"间谍""离间""间隙"，其中的"间"（jiàn）都是缝隙义。月光从门缝中照射进来，留下空隙，这个空隙引申有闲暇义，当"閒"的缝隙义被"间"取代后，"閒"就表示引申义闲暇，

◎嫦娥奔月 河南省南阳西关出土东汉画像石

后来这个意思被简化字的"闲"所取代,"間"彻底退出了现代文字。

与强烈的日光相比,朦胧的月光显得温和而美丽,对月光浪漫的憧憬,成了文学史上不可或缺的意象。古《晋书·律历志》载,黄帝使"常仪占月"(常仪占卜月亮)。"仪"繁体字作"儀",从"我"得声,古音读与"娥"同,现在从"我"得声的"鹅""俄""蛾"依然读"é",因此"仪"古音读"é"。古人误会把"占"读成了占据的"占",就成了常仪("é")占据了月亮。再后来觉得不够浪漫,加上了"女"字旁,变成了"嫦娥"。又给弄了只兔子做伴,古人认为蟾蜍和兔子是阳象,在月亮中居住,使"阴系于阳"。后来居然又给"月"造了个异体字"囻",当然这个字早就成了历史的垃圾。

风动虫生

虫子在秋天或产卵或开始冬眠，叫"蛰"，也就是潜伏起来。因此《淮南子》规定，昆虫未蛰伏的时候，不能放火烧田，以免伤及昆虫。转年的三月五日至六日交节，叫"惊蛰"，气温回升，蛰虫复苏，是春耕开始的节令。风动虫生，因此"风"从"虫"，"凡"声。

"虫"甲骨文作 ，小篆作 ，本是"虺"字，也就是蝮蛇。"蟲"才是现在所谓的"虫"。虫类中的总称是"蚰"，这个字就是昆虫的"昆"的本字。在古代，"虫"是动物的总名，鸟兽甚至人都可以称为"虫"。后来"虫"义逐渐产生职能分化，专指昆虫（insect）义，有脚的叫"虫"，没脚的叫"豸"。很少用"虫"指称人了，如果指称，也是指称坏人。庄稼的害虫有螟、螣、蟊、贼，食苗心曰螟，食苗叶曰螣，食苗根曰蟊，食苗节曰贼。这些自然灾害，古人都认为是由上位者失职所致。实际上当政者再怎么蠢，也不可能下出虫子来，但他们的失职确实可以导致灾难的扩大化。禽兽虫蝗为怪叫"孽"，后来假借写作"孽"，也就是动物的异常，如蝗灾一类。我们现代的行为导致全球变暖，让一些生物出现异常，这都是自作孽。《尚书》说："天作孽，犹可违；自作孽，不可逭。"不可不慎。

古代有一种培养毒虫的方法，拿一百种虫子放到同一个器皿中，让它们互相噬咬，最后剩下的那个就是蛊，"蛊"甲骨文作 ，是虫子在器皿中的画面，蛊有剧毒。由于这样的特性，"蛊"引申有迷惑义，如巫蛊、蛊惑等。广东话中的"古惑仔"的"古"是"蛊"的假借，古惑仔也就是对年轻人有吸引力的男孩子。养蛊这件事不知道有没有科学依据，但这种斗争哲学却是历代统治者的御人之术。《笑傲江湖》中的黑木崖之所以令人望而生畏就是"三尸脑神丹"的作用，那也是一种蛊毒。

种植的艺术

古汉语中"树"只作动词，种植义，成语"十年树木，百年树人"的"树"就是本义。"植"的意思就是竖直，表示种植，因此加上"木"旁。表示名词"树"（tree）的词是"木"，"木"是象形字，甲骨文作 ，小篆作 ，上面是树枝，下面是树根。木上加一横，表示树梢，小篆作 ，是"末"字，引申有末端义；木下加一横，小篆作 ，表示树根，是"本"字，引申有根本义。因此有"本末倒置"之说。先秦时期，诸侯的边境种树以区别疆域，这个行为叫"封"，"封"的甲骨文作 ，下像土堆，上为树木，金文增加手形作 ，本义是种树。古代有"封人"一职，专门负责在疆界种树，《礼记·月令》载，孟春之月，修封疆，这其中就有培植树木以固边陲的内涵。因此，分封诸侯的时代才是真正的封建社会。"封"在固定边疆的意义上引申有界限、封闭之意。"邦"甲骨文作 ，是在田地中种树以区别疆域之义，最早"邦""封"是同一个字，后来"邦"增加了"阝"（邑）旁，与"封"分化。

"树"指的是一般意义的种，树的对象是木，也可以是草，但不能是庄稼。种庄稼用"艺"，艺指的是非常仔细地种植，"艺"繁体字作"藝"（埶），甲骨文作✍，是一个人整理庄稼之形，如《诗经·小雅·楚茨》："我艺黍稷。"因此，古代的艺术，指的是种植之术，柳宗元《种树郭橐驼传》、冯梦龙的《灌园叟晚逢仙女》中的主人公，都是艺术家，这个意义现在在"园艺"中还留存着。但古代对艺并不重视，因此有"玩艺儿"的蔑称，即以艺为玩好，玩物丧志。后来"艺"还引申指技能，古有"六艺"，指的是"礼（礼仪）、射（射箭）、乐（音乐）、御（驾车）、书（书法）、术（算术）"。现代汉语中，"艺术"指的是用形象反映典型的社会意识形态，这源于日语对英语 art 的对译，已经与汉语的本义发生了偏移。

　　"种"在战国时出现，《孟子》中"种""艺""树"并用，说明"种"这个词正在进入系统。现在"种"的意义扩大，取代了其他的词。

春草碧色

　　春天到来，植物里最早感应的就是草。"春"小篆作 煮，从"艸""屯""日"，"艸"就是草，中间的"屯"既是"春"的读音（古音），又有自己的构意，这个字是会意兼形声字。"屯"字从"一"从"屮"（chè），"一"表示地面，"屮"是草生长之形，"屮"中间的"丨"，按照小篆的意思，是从下向上走的——这与我们平时写字笔顺不一样——表示草从下向上生长，在生长过程中，受到了地面的阻碍，因此下部发生了弯曲，就变成了"屯"形，这种情况下，草正在聚集力量，蓄势待发，因此"屯"的意思是聚集。"屯兵"就是聚集军队，人聚集的地方叫"屯"，为了表示和人居住有关，加上了"阝"（邑）旁，写作"邨"，也就是后来的"村"。"春"的构字之义是在阳光的照耀下，小草在蓄势待生。后来隶书将春变成了现在的"春"的样子，再也看不到它的真正含义了。

　　两个"屮"是"艸"（cǎo），这个字就是"草"的本字，草字头儿"艹"就是"艸"形的变体。三个"屮"是

"卉"，为百草总名。四个"中"是"芔"，即"莽"字，是众多杂乱的草，因此有草莽、莽原这样的词。草是庄稼的天敌，因此农人发明了各种农具来对付它，要让禾苗变得整齐。因此在传统思维中，禾是整齐的，而草则是杂乱的，因此以"草"作语素的双音词多有杂乱义，比如"草稿""草创""潦草"，都是这种观念的遗留。表示田地无人耕种的"荒""芜"，都是草字头。陶渊明诗"晨兴理荒秽，带月荷锄归"，"秽"字以前作"薉"，也是草字头。"莠"是狗尾草，长在庄稼中，很难除，因此有"良莠不齐"的成语，指的是好坏不一。禾苗中有一类没有长好，有皮无米，算它是禾，作"稂"，但它实际上与草无异，因此有个艸旁异体字"蒗"。《诗经·小雅·大田》"不稂不莠"，本义是田里的庄稼很好，没有蒗和莠，后来这个成语脱离了语境，变成了不成才的意思。至于草给诗人留下了美丽的意象，那是另一回事。

脱颖而出

生长食物的植物是禾苗，"禾"的甲骨文作❀，像禾苗垂穗之形，禾苗的秆儿叫"稿"（藁），喂马用的"稿草"，就是这一部分。禾苗的籽实长在穗上，"穗"古作"采"，是以手采禾穗之形。禾穗的尖端部分叫"颖"，是禾芒的尖儿，"脱颖而出"就是禾芒尖儿从布袋中刺出来。禾苗的尖刺叫"芒"，比如"麦芒""芒刺在背"，都是其本义。节气"芒种"指的是有芒的谷物如麦、稻等可以收割了。芒刺的尖儿叫"秒"，秋分而秒定，即秋分万物长成，其芒稳定，便不再生长。"秋"的本义是禾谷成熟，由于庄稼大多在七、八、九月收成，因此用"秋"来指称这几个月。

农业社会，人与禾苗关系密切，因此将禾的意象纳入了文字。如手里拿着一支禾苗就是"秉"，小篆作❀，引申有手执、把柄之义。手里拿着两根禾苗就是"兼"，小篆作❀，有将两个合并的意思，比如"兼程""兼职""二者不可得兼"等。禾苗与禾苗之间的距离是一定的，叫"秝"（lì），"稀疏适秝也"，即禾一根和一根之间距离适宜，我们说的"历历在目"的"历"（歷）就应该是这个字，意思是整齐清晰。历史的"历"也带进了这个稀疏合适意象，因此历史指的就是一步一步走过来的记录。"阅历"也就是一点一点积累起来的经历。秩序的"秩"，是积累之貌，积累粮食是有序的，因此引申为秩序之义。

很多与标准、度量有关的字都是"禾"字旁。"秒"本是禾芒，古人将十二秒并排起来，其长度定为一分，也叫"程"，十分则为一寸。因此路程、课程、程度都是长度单位。"科"与"程"同义，也是量度，引申有类别之义。后来"秒"从空间引申到时间上，六十秒为一分。这些字告诉我们，先民对粮食多么依赖以及耕作时多么细心。

米——稻粱谋

五谷之中，粟（小米）最重要，因此，古人定十二颗粟为一分重，十二分为一铢重，十二铢为半两，二十四铢为一两。粟食为"米"，也就是小米，后引申为各种庄稼所结的籽实，包括麦、稻等，均可叫"米"。米的皮叫"糠"，把粟的这层皮去掉叫"舂"，"舂"甲骨文作🖐，小篆作🖐，是双手持木杵（午）在石臼中捣米之形。舂得干净的米叫"精"，反之就是"粗"，没有杂质的米叫"粹"。没长成的粟米叫"秕"，也写作"粃"，糠秕掺杂在粟米中，要用簸箕扬出去，后来讲"糠秕"表示琐碎无用的东西。东晋时，王坦之和范启受简文帝邀请，王坦之年纪小职位高，范启年纪大职位低，进门时，二人互相谦让，最终范启走在前面，王坦之心中不平衡，说："簸之扬之，糠秕在前。"

古代的俸禄是粟，因此有"千钟粟"之说。米中品质好的叫"粱"，说富人家的孩子叫"膏粱子弟"，也就是吃猪油和粱米的人。龚自珍写诗说："著书都为稻粱谋。"也就是特殊政治背景下著书的目的是让自己锦衣玉食，而不关心其他。米可以做酒，酒提炼出去，剩下的渣滓叫"糟"

◎舂米 四川省合江三号汉石棺画像石

或者"粕"，糟与糠都是粮食的废弃物，可以用来喂猪，但在没有粮食的时候，人也会吃，"糟糠之妻"指的是和自己共同吃苦的妻子。古人的粮食产量低，即使"太仓之粟，陈陈相因"（《史记·平准书》）的时代，普通百姓一年四季能有粥喝就是丰年了。对普通农民来说，喝粥基本是常态，因此冀中人将死戏称为"去阎王爷那里喝粥"。"粥"也叫"糜"，由于粥煮得比较碎烂，因此引申有糜烂之义。

以前买卖粮食有专用的动词"籴"（dí）、"粜"（tiào），"入""米"和"出""米"的会意字反映了农业社会对食物的重视。笔者幼时尚有儿歌曰："小巴狗，上南山。籴大米，捞干饭。"现在，"籴""粜"已被"买""卖"取代，退出了基本词汇系统。

樱桃：请叫我车厘子

五、六月间，樱桃正好。汉代的高诱说，这是黄莺所含食的桃，因此叫"莺桃"，也叫"含桃"。这个推测，无论真假，让人感到动画片般的单纯。再加上"樱桃樊素口"的渲染，更为樱桃增添了一种浪漫色彩。《本草纲目》说，樱桃像一颗颗璎珞珠，因此叫樱桃。似乎更接近事实。时下有一种产于美洲的大个儿樱桃，名"车厘子"者，似有盖过樱桃之势。其实"车厘子"是英语 cherries（樱桃）的音译，来源于港澳地区，近年已经流行于大陆。车厘子确实比樱桃多肉好吃，因此会逐渐取代樱桃，也在情理之中。车厘子比较贵，因此社畜们有实现"车厘子自由"的愿望。

古人重视樱桃，因为它成熟早，《本草图经》说"最先百果而熟，故古多贵之"。唐代裴铏小说《昆仑奴》载：崔生去某勋臣家拜访，主人命姬人"以金瓯贮含桃而擘之，沃以甘酪以进"，在众多陌生女子面前，年少的崔生拘谨而羞怯，不好意思吃。主人命红绡用汤匙递到他面前，崔生不得已，勉强吃了些。他脸红了，红绡笑了。后来在昆仑奴摩勒的帮助下，崔生与红绡终成眷属。把樱桃切开，浇上

◎宋　马世昌《樱桃黄雀图》

奶酪，放在金瓯之中，不就是唐代的樱桃沙拉吗？"沙拉"在英语中是"salad"，意译就是"凉拌菜"，英语中有个短语"salad days"，意思是"年少不谙世事的岁月"，当是源于不熟之义。而 cherry 本身也有少男、少女的意思。二者放在一起，让人想起了那个不谙世事的崔生，想起了红绡，还有唐代的樱桃沙拉连带出的一段情感故事。而英语"a bowl of cherries"（一碗樱桃）的意思是"愉快的经历"，崔生当时很紧张，若干年后想起来，也许会认为当年的那一瓯樱桃的故事是一段愉快的经历吧。这个巧合，对学语言的人来说，也是很有意思的。

美丽的妖怪

现在我们看到"妖"这个字，就会想到妖怪，实际上这是个误解。"妖"本义指的是女孩子长得漂亮，源于《诗经·周南》"桃之夭夭"，"夭"为少壮之貌，引申为年轻漂亮，后便加了个"女"旁，突出女性的特点。因此，曹植写诗说："名都多妖女"（《名都篇》）。现代汉语中还有"妖娆"一词，都是漂亮的意思，和妖怪无关。沈从文的小说《长河》中有个姑娘叫"夭夭"，就是很美丽的名字。

妖怪的"妖"本字作"祅"，《说文·示部》云："地反物为祅。"也就是说，地里长出不符合季节的植物叫"祅"，比如冬天本该万物肃杀休眠，却忽然有的地方长出了西瓜，古人认为这是不时之物，对人会产生伤害，不宜食用。《红楼梦》中海棠花冬天开放，大家以为祥瑞，贾母却隐隐意识到了不祥，那就是"祅"。现在的反季节蔬菜、水果、花木等已经司空见惯了。

"祅"不是一种物态，而是一种状态。有点类似后世妖怪的东西叫"魅"，古字作"彪"，老物之精，能迷惑人。魑、魅、魍、魉，都是这种怪物。在后世的神话传说中，

◎九尾狐 （明胡文焕《山海经图》）

狐狸能修炼成精，变成女子，迷惑别人，因此将"狐""魅"放到一起。英语中的狐狸（fox）也有"使人迷惑"的意思，而它的形容词 foxy 恰恰可以翻译成"狐魅"。这样"魅"这个词就有了"诱惑"的意思，后从日语中舶来了"魅力"这个词，字面意思是"具有魔鬼的力量"，实际上指的是美丽的力量。

后世以"妖"替代了"祑"，表示妖怪，忘了它的本义是漂亮。当海伦出现在特洛伊城头时，那些保守的长老们都慌了，认为应该将她放逐，以免她的美丽成为后世子孙的祸根。这恰恰反映了他们的虚伪，因为无论如何，长得漂亮都是一个优点，和"女祸"没有必然联系。

妖怪生气了

和"祺"（妖）相对的是"孽"，妖孽的"孽"本字当作"蠥"，《说文·虫部》云："衣服、歌谣、草木之怪谓之祺，禽兽、虫蝗之怪谓之蠥。"按照这个分类，衣服大大小小，不符合制度，歌谣出现不正常的曲调或内容，草木不按时生长，都是"祺"。比如，冬天穿个短裤，现在叫非主流，古代算是"祺"；歌谣是百姓心中自然发出的声音，如果出现了不正常的内容，比如过多地讽刺时政，或者出现预言性质的内容，也是"祺"，因此历代的造反者，常常去散布流言，以便给民众造成一种心理暗示。禽兽、草虫为怪则是"蠥"。"蠥"并不是后世所说的成了精，而是不正常。"祺""蠥"并不是人格的鬼怪，汉代之前，中国的自然信仰中还没有崇神滥鬼。

妖孽是"气"不平所致，"气"不平是怎么导致的呢？是在位者的行政措施出现了问题。古人认为"一贯三为王"，"三"的三笔，指的分别是天、人、地，中间的"丨"便是贯穿三者的"王"。天地之间出现不平之气，问题自然出在王身上。《水浒传》开头便是洪太尉放走妖魔，那便是当政者不仁，导致天罡地煞群魔丛生了。因此，《中庸》云："国家将亡，必有妖孽。"

《西游记》里的妖怪，大部分属于"蠧"，也就是动物成精，那些下界的妖怪被主人称为"孽畜"。少部分是"魅"，植物成精，比如荆棘岭上的十八公、杏仙之类。后世统称为"妖"，是"妖"的词义扩大导致的。《西游记》里的妖怪为什么要吃唐僧肉呢？因为他们想长生不老、成佛作祖。这些本可通过自己的修炼获得，他们做不到；那他们也可以去找佛、菩萨评理，他们不敢。只好把自己的怨气发泄到比自己更弱小的同类上。看《西游记》总有个疑惑，十万八千里，打杀了一路妖精，但这仅仅是一条路，其他路上的妖精还在害人，怎么办呢？想到这些，不由得心灰意冷，个人的力量太有限了。后来看到胡适之先生的说法，才略略放下心来。他说《西游记》按照佛教的结局，应该是这样的：唐僧让三个徒弟把经卷带到大唐，他招来西天路上的各路神魔，将自己肢解，分与诸妖，以化解天地间的怨气。——适之先生真是菩萨心肠！可他并没从根本上解决问题，真正"造孽"的，是佛祖啊！

硕鼠硕鼠

　　"鼠"是象形字，甲骨文作🐭，是老鼠体形直立之状，四周的小点是嚼碎的东西。小篆作🐭，上面的部分简化作"🐭"，是牙齿的形状，突出其咬啮的特点。科学研究认为，老鼠一直在咬东西，是因为它的牙齿长得很快，如果不磨平，就会穿破上颚。看来老鼠也是不得已。老鼠又名"耗子"，五代时期，横征暴敛，后唐在田赋上附加"雀鼠耗"，即雀、鼠等损耗的部分要摊派到百姓身上，人们因此称呼老鼠为"耗子"。"耗子"之名，实际上是百姓对当政者的控诉，与《诗经》"硕鼠硕鼠，无食我黍。三岁贯女，莫我肯顾"（《魏风·硕鼠》）一致。

　　老鼠繁殖率高，难以除尽。不只平民家有老鼠，仙佛家也难免。《西游记》中有两只老鼠，其一是黄风山的黄风洞主，它本是灵山脚下的得道老鼠，因为偷了琉璃盏内的清油，逃下界去。罪不该死，如来让灵吉菩萨辖押。这只老鼠胆小，方圆三十里外的人都不去伤害。黄风洞主居然有个虎先锋，可见老鼠有了地位，有些老虎都去给它做先锋的。其二是陷空山无底洞的金鼻白毛老鼠精，因在灵山偷吃香花宝烛，改名"半截观音"，后被李天王、哪吒父子拿住，饶其不死，趁机拜了李氏父子为父兄，改名为"地涌夫人"。因为有后台，得以继续作恶。按理说，佛爷家里闹老鼠，该养一只猫才是，不应这样兴师动众。不过也得为佛爷想，手下一帮菩萨罗汉，偶尔下界显显灵，捞点供奉，让愚夫愚妇知晓一下佛法的广大，也在情理之中。

生肖是农业社会的写照，尽管老鼠是害虫，由于与人类关系密切，也被列在生肖之中。但在我们的词汇中，和"鼠"有关的词大都是贬义词，就是人们对它的厌恶导致的。但有一个例外，电脑配有"鼠标"，台湾叫"滑鼠"，英文名"mouse"，因形似老鼠而得名。这是科技革命带来的新认识，说明我们已经脱离了农业社会，在农业社会断不会取这样的名字。

替罪羊

从古到今，羊的主要作用是为人类提供食物。"羊"是象形字，甲骨文作❀，从"羊"的字，多和食物有关。如"羔"字，上面是"羊"，下面是"灬"（"火"的变体），就是以火烤小羊之意。"羞"字甲骨文作❀，是手推羊进献之义，这个字就是珍馐的"馐"的本字，后来增加了意符"食"，强化其食物的特点。羡慕的"羡"繁体字作"羨"，上面是"羊"，下面的"次"是"㳄"的异体，也就是面对羊肉馋得流口水之意，因而有羡慕义。而"羹"字的造字之意，也和羊肉有关，所谓"羊羹虽美，众口难调"。此外，和"羊"有关的字，如"美""善""义（義）"，都是着眼于羊肉的味美、羊性的懦弱，从而引申出来这些美好的含义。这无异于吃完羊肉，擦着油嘴说，羊真是人类的好朋友！士相见时，以羊羔作见面礼，汉代的何休解释说："取其执之不鸣，杀之不号，乳必跪而受之，类死义知礼者。"（《公羊传·庄公二十四年》注）再也没有比这更堂皇的理由了，我吃了你，然后告诉你，你为义而死，知礼！中国古代传说和文学作品中，几乎没有羊成精的，为什么呢？

◎汉 吉羊洗

因为它懦弱。即使在做祭品牺牲（牛、羊、猪）时，也因
为体形不如牛，将这个名号的代表词"牺牲"，让给了牛。

羊好群聚，因此"群"字从"羊"，一个懦弱的团体，
一旦成群之后，会更加懦弱。

"社畜"考

现在流行"社畜"一词，指的是公司里像牲畜一样被压榨的员工，略相当于"上班狗"，这个词反映了上班族无力反抗但又玩世不恭的内心世界，随着2018年日剧《无法成为野兽的我们》的流行而迅速传播开来。

"社畜"（しゃちく）一词来自日语，是"会社＋家畜"的缩略，要了解"社畜"的内涵，需要先了解一下"会社"一词的含义。与"会社"意义相关的是"社会"，"社"是土神，"土"甲骨文作⛰，是土堆之形，土长养万物，为了神化它，加上了"示"字旁，变为"社"，也就是"皇天后土"中的"后土"。土长五谷，养育生民，五谷包括麻、黍、稷、麦、菽（豆），因此，选取其中的"稷"（高粱）作为谷神来祭祀。国家宫殿左边是宗庙，右边是社稷，可见社稷的重要性，因此古人用"社稷"指称国家。社稷简称"社"，唐宋时期，民间在春秋两季举行迎祭土神的集会，叫"社会"，鲁迅有《社戏》一文，就是这种活动。在这个意义上，"社会"是个定中结构，即"祭社之会"。"社会"的另一个意思就是一批志同道合的人组成的团体，如诗会、诗社，也指称民间秘密组织，如天地会、小刀会、哥老会等。在这个意义上，"社会"是个并列结构，位置不固定，也可以叫"会社"。日语的基本词汇来自中国，明治维新之后，日本学习西方文化，引进了很多新词，这些新词除了音译之外，就是拿固有的名词去对应，词的外形没变，但意义已经发生了变化。"社会"（society）就是后者，意思是"由一定的经济基础和上层建筑构成的整体"（《现代汉语词典》），此后这个词又从日本回到中国，被广泛应用。日语"会社"是对英语 company 和 corporation 的对译，但这个同样改变内涵的词并未再次回到中国，我们翻译的是"公司"。因此，可以推测，"社畜"这个外来词的适用度不会太广，因为它不具备广泛的社会基础。但它在小范围内的使用，也是语言交流史的一部分。

"社畜"在中国的流行，有其历史根源。这样的人，在农业社会被称为"老黄牛"，这是吃牛肉的人说的，真正做"老黄牛"的人并不这样想。因此，当代年青人自嘲为"上班狗""社畜"。我不需要你们虚伪的表扬，我不甘于奉献，只是没办法，只想自嘲一下，然后卑微而努力地活下去。

后记

　　这本小书，是《青年文摘》电子版"活字纪"2018-2020年连载的专栏，是当时的刊物副主编、同学好友郑卫明督促的结果。起初本无主题，一任志之所之，出版时略加分类、增补、修订，算是整理出一点头绪来。这些内容，大都是备课时的边脚料，内容琐碎，不成章法，偶尔还有些跑题，感谢中国青年出版社给了它出版的机会。好友白云阅读了全稿，提出了很多有价值的批评和建议。感谢书法家刘宏宇博士，为了写出满意的书名，他费了不少工夫。

图书在版编目（CIP）数据

活字纪 / 南村著 . -- 北京：中国青年出版社，
2025.3. -- ISBN 978-7-5153-7568-7

Ⅰ . H12

中国国家版本馆 CIP 数据核字第 2024U2E118 号

活字纪

作　　者：南　村
责任编辑：刘　霜
营销编辑：邵明田
出版发行：中国青年出版社
社　　址：北京市东城区东四十二条 21 号
网　　址：www.cyp.com.cn
编辑中心：010-57350508
营销中心：010-57350370
经　　销：新华书店
印　　刷：北京科信印刷有限公司
规　　格：889mm×1194mm 1/32
印　　张：8.5
字　　数：165 千字
版　　次：2025 年 3 月北京第 1 版
印　　次：2025 年 3 月北京第 1 次印刷
定　　价：68.00 元

如有印装质量问题，请凭购书发票与质检部联系调换
联系电话：010-57350337